나의 영혼을 움직인 영감의 성서구절

해석과 묵상의 신앙시 100편

-제1권-

그림 1) Verrocchio 〈그리스도 세례〉, 1475, 템페라 유화, 177x151cm,
Firenze Uffizi 미술관, 본문 40쪽

그림 2) Cole 〈천사가 광야의 그리스도에게 시중들다〉, 1843, 유화, 74.5x152.4cm, Worchester 박물관, 본문 43쪽

그림 3) Willmann 〈야곱의 꿈풍경〉, 1691, 87x106cm, 유화,
Berlin Bode 박물관, 50쪽

그림 4) Greco 〈성베드로의 눈물〉, 1590, 유화, 102x79.5cm,
Oslo 국립미술관, 본문 163쪽

그림 5) Grünewald 〈예수 그리스도 부활〉, 〈Isenheim 제단〉,
좌측 측면화, 1512-1516, 269x141cm, Colmar Unterlinden 박물관,
본문 192쪽

목 차

감사의 글

　이책은 마지막 헌신의 봉사로 구상된 '성서이해의 길' 시리즈의 마지막 책이다. 2014년 첫삽을 뜬 연작집의 진행은 10여년의 세월이 흐른 지금 10권의 출간을 기념한다. 이제 완간된 10권의 해석서가 성서의 말씀을 보다 잘 이해하고 그리스도를 향한 신앙을 굳건하게 하는데 기여하기를 바라는 마음 뿐이다. 그동안 어려운 여건 아래에서 책의 출판을 위해 여러모로 힘써주신 드림북 출판사의 민상기 사장님과 편집진 모두에게 감사를 드린다.

성서구절의 선정과 읽기에 관하여

100개의 성서구절은 특별한 기준이 없이 임의로 선정된다. 다만 몇 가지 작은 원칙이 존재한다. 첫째 신약성서를 중심대상으로 삼는다. 구약성서는 시의 서술에 필요한 경우 인용된다. 둘째 신약성서의 순서에 의거한다. 즉 공관복음에서 시작하여 사도행전, 바울서간, 요한계시록으로 이어진다. 네 편의 복음서에는 출생사, 복음전파, 고난사, 부활사, 부활자의 현현이 단계적으로 다루어진다. 사도행전은 예루살렘 원시교구, 유대와 사마리아 복음전도, 이방세계 복음화의 순서로 전개된다. 바울서간과 요한계시록에는 저자에 의해 중요하다고 생각되는 구절이 간추려진다.

물론 이책에 다루어지지 않은 성서구절 가운데에도 중요하거나 자주 인용되는 대상이 얼마든지 있다. 그러나 100개의 사례는 신약성서의 내용을 대언하기에 결코 부족하지 않다. 중요한 것은 시의 분량이 아니라 서술된 내용이다. 한 구절의 총체적 설명이 성서전체를 포괄하는 예는 주석사의 진행에서 얼마든지 발견된다. 100편의 신앙시는 신약성서 전체의 조망이라 할 수 있다. 독자는 주어진 시를 읽으면서 자신의 착상이나 영감을 가미할 수 있다. 성서의 말씀은 거듭하여 읽을수록 의미와 메시지가 풍성해지고 깊어진다. 이것이 신비로운 성서독서의 매력이다.

선정된 성서구절은 4행시 형식을 통해 자유롭게 서술된다. 그것은 저자 자신에 의한 해석과 묵상이다. 두 요소는 신앙시를 구성하는 중심축이다. 성서원문에 충실한 본문해석은 사색과 묵상으로 넘어간다. 텍스트해석에는 살아있는 '오늘날의 의미'가 중요한 자리를 차지한다. 성서구절을 다룬 미술과 음악작품은 이 과제를 해결하는데 큰 도움을 준다. 영감이 풍성한 창조적 작가들은 자신의 시대지평에서 성서를 바라보고 읽는다. 여기에서 얻어진 결과는 우리시대의 성서해석에 큰 도움을 준다. 100편의 신앙시는 낙원의 축복에서 시작하여 천상의 예루살렘 체험과 재림의 축원으로 종결된다. 그 사이에 다양한 성격의 성서구절을 다룬 시들이 놓여진다. 하나님나라의 기대와 확신은 크고 작은 주제를 다룬 신앙시 읽기를 인도하는 지침이며 목표이다.

서시

고백의 신앙시를 하나님께 드리며

성서의 말씀을 읽고 해석하며 바쳐온
지난 10여년의 짧지 않은 세월
그것은 평안과 행복의 시간이었다.
하나님과 동행하는 기쁨과 소망의 길이었다.

이제 새로이 밝아온 해 2025년을 맞으며
열 번째 책 〈신앙시 100편〉을 내어놓는다.
그동안 나의 인상에 남은 성서구절 100편을
골라 다시 해석하고 묵상하며 쓴 영감의 산물이다.

그것은 그동안 말씀의 숲을 걸어온 나의 진솔한 신앙고백이다.
어느덧 80세 나이를 넘어선 노인의 삶의 결산이다.
땅속의 보화처럼 간직하고 싶은 신앙시를 하나님께 드리고 싶다.
힘들 때마다 위로해주고 격려해주신 최고의 후원자이다.

하나님의 말씀은 인간의 내면을 변화시키는 영적 능력을 갖는다.
우리는 신성한 말씀에 의지하여 참다운 신앙의 삶을 살아갈 수 있다.
우리의 시선이 주님을 향할 때에는 어려움을 극복하는 길이 열린다.
그러나 우리 관심이 세상으로 돌아오면 다시금 난관에 부딪친다.

나라 안팎으로 너무나 힘든 고난의 시기에
우리의 생각과 마음은 하나님말씀으로 돌아가야 한다.
그곳에 우리를 위로하는 소망의 메시지가 있다.
앞날의 삶을 이끌어갈 주님의 격려가 들어있다.

제1부

"오늘 네가 나와 함께 낙원에 있으리라."

(눅 23.43)

우리는 격정의 정감으로 전개된 누가의 고난사 이야기
마지막에서 다른 복음서에 없는 특별한 고유기사를 발견한다.
그것은 예수님의 운명 이전에 십자가위의 예수님과
예수님 옆의 행악자 사이에 이루어진 감격의 대화이다.

다섯 절의 범위로 제한된 짧은 이야기는 독자의 뇌리에
지워지지 않는 강렬한 인상을 남긴다. (눅 23.39-43)
그는 예수님의 죽음에 관한 비극적 장면으로 들어가기 전에
더할 수 없이 커다란 위로와 희망의 지평으로 안내된다.

독립된 형태의 에피소드는 원래 줄거리에 삽입된 막간극이 아니다.
고난사 진행의 막바지에 선포된 최후의 구원복음이다.
예수님의 복음전파를 마무리하는 에필로그의 증언이다.
행악자를 향한 예수님의 약속은 죄의 인간을 위한 최고의 축복이다.

이야기 줄거리의 핵심은 마지막을 장식하는 두 절이다.
행악자와 예수님 사이에 교환된 대화는 간구의 청원과 화답이다.
"예수여 당신의 나라에 임하실 때에 나를 기억하소서." (23.42)
"오늘 네가 나와 함께 낙원에 있으리라." (23.43)

예수님 옆에 못박힌 남자는 '당신의 나라'를 확신한 인물이다.
그는 예수님이 하나님의 아들이라는 사실을 인식한 증인이다.
간절한 호소 '나를 기억하소서'는 소극적 수동의 뉴앙스를 지닌다.
그러나 하나님의 나라를 향한 진솔한 동경의 표명이다.

대화상대자의 소원에 대한 예수님의 반응은 매우 놀랄만하다.
상대방을 '너'로 부른 친근한 답변에는 발언자의 의지가 엿보인다.
미래시칭 문장을 열어주는 시간부사 '오늘'은 '바로 오늘'의 뜻이다.
즉 낙원의 입장이 곧 이루어질 것이라는 사실을 강조한다.

아울러 낙원의 거주가 확실하다는 사실을 지시한다.
루터성서 개역본에는 예수님의 말씀 앞에
"내가 너에게 진실로 말하노니"가 놓여있다.
신약성서에 선호되는 표현도식은 이어지는 내용을 강조하는 어법이다.

예수님은 에덴동산 용어 낙원을 기독교전통의 맥락에서 사용한다.
낙원은 믿는 자가 죽은 후에 머무는 평안과 안식의 거처이다.
넓게 보아 천국과 하나님의 나라와 같은 맥락에 있다.
하나님나라의 원상으로 해석되는 낙원은 복음서에서 이곳에만 나온다.

상황부사구 '나와 함께'는 예수님과의 긴밀한 공존,
나아가 완전한 혼연일체를 지시하는 상징구문이다.
십자가 위에서 예수 그리스도의 무죄를 선언한 사형수는

주님의 영혼에 의해 동경하는 낙원으로 안내된다.

후세에 '선한 강도'로 불린 행악자는 최초의 성자로 추대된다.
그는 예수님으로부터 직접 내세의 삶을 약속받은 유일의 인간이다.
가톨릭교회는 16세기에 출간된 〈로마 순교록〉에 의거하여
십자가 처형일로 추정되는 3월 25일 성 디스마스 축제를 거행한다.

'선한 강도'에게 주어진 후세의 이름 디스마스(Dismas)는
그리스어에서 일몰, 죽음, 삶의 마지막을 뜻한다.
성 디스마스에게 드리는 기도문은 기독교 장례식에서
죽은 자의 영혼을 위로하는 퇴장곡 가사로 사용된다.

"성자 디스마스여, 그대 죽는 자의 탁월한 수호자이며
하나님 자비의 특별한 기적이여. 하나님 곁에서 나의 대언자가 되소서.
나의 영혼이 육체와 분리될 때 하나님과 완전히 화해하여
은혜로 받아들여 은총의 심판에 이르도록. 아멘."

만일 누가가 '선한 강도' 이야기를 우리에게 남겨주지
않았더라면 하나님나라를 향한 우리의 기대는 반감될 것이다.
우리는 서사의 복음가 누가가 전해준 고귀한 십자가처형
기사에서 소망하던 하나님나라의 거주에 대한 확신을 얻는다.

이 얼마나 감사한 은혜의 축원인가!

우리는 삶의 마지막 순간에 '선한 강도' 처럼
진솔한 청원을 통해 하나님나라에 들어가는 영광을 누릴 수 있다.
우리의 영혼을 천상으로 안내하는 주님의 손길에 의해.

"지극히 높은 곳에서는 하나님께 영광이요 땅에서는 하나님이 기뻐하신
사람들 중에 평화로다."

(눅 2.14)

누가의 출생사 기술의 절정은 베들레헴 근교의
목동에게 나타난 신비로운 계시체험이다. (눅 2.8-14)
일곱 절 단락은 후세의 성탄해석을 인도하는 원천이다.
독립된 이야기는 고대에 융성한 목가(eidyllion)의 전통에서 이해된다.

베들레헴 마을의 목자에 연원하는 목가해석은
초기르네상스 이후의 성탄복음에 다시 활성화된다.
즐거운 성탄축제는 새로운 지평에서 읽히고 해석된다.
성탄절 의미는 목동의 계시에서 미래의 지평으로 향한다.

유대교 전승에 의하면 미래의 메시아는
'양떼의 탑'(migdal eder)에서 태어나리라고 예언된다.
'목동의 환경'을 지시하는 비유어는 베들레헴에 연관된다.
베들레헴은 예수님의 고난과 죽음의 장소인 예루살렘과 대조된다.

죄에 물들지 않은 작은 시골마을이 약속된 메시아의
출생지로 예비된 장소라는 사실은 마태에 의해 증명된다 (마 2.6).
그는 미가 5장 1절의 예언을 새로운 지평에서 기술하고 있다.
베들레헴은 메시아의 의해 높아지기 때문에 '결코 작지 아니하다'.

출생이야기의 서두는 독자의 시선을 목동의 세계로 안내한다.
첫절의 상황제시는 목가풍경의 연출이다. (눅 2.8)
"그 지역에 목자들이 밤에 밖에서 자기 양떼를 지키더니."
성탄이야기는 양떼를 치는 목자의 행동으로 시작된다.

양떼는 보통 4월에서 11월까지 '밤의 들판'에서 보호된다.
그러나 물론 겨울에도 가능한 일이다.
이어지는 절에는 목동의 주위를 환하게 비추는
주의 사자의 빛나는 영광이 계시된다.

신비로운 상황에서 '위대한 복음'이 선포된다. (눅 2.10-11).
천사의 음성은 아기출생에 관한 확실한 보증이다. (2.12).
"너희가 가서 강보에 싸여 구유에 뉘어있는
아기를 보리니 이것이 너희에게 표적이니라."

보통 진흙위에 놓여있는 구유는 가축에게 먹이는
사료가 들어있는 긴 구덩이 모양의 얕은 나무통을 말한다.
손님이 유숙하는 '여관'에는 이와 같은 구유가 없다.

"이는 여관에 있을 곳이 없음이라." (눅 2.7)

위의 인용문에 사용된 명사 표적은 아기예수가
태어난 장소가 특별하다는 사실을 지시한다.
즉 구원자로서의 아기가 갖는 비범한 의미를 나타낸다.
목동들에 의한 구유 위의 아기예수 발견이

이방신화에서 빌려온 모티브라는 초기의
주장은 최근의 연구에 의해 반박된다.
그것은 근거가 불충분한 자의적 주장이다.
하나님의 아들 아기예수가 외양간에서 태어났다는

이야기는 낮은 곳에 위치한 예수님의 신분에 부합한다.
'성탄의 구유'는 인간, 천사, 동물, 그리고 열린 마구간 구유가
있는 성탄이야기 도상을 말한다. 16세기 이후 형성된 외양간
풍경화에는 전원속 마굿간 구유 위의 아기가 중심에 위치한다.

이어서 수많은 천군천사의 합창이 울려퍼진다.
장엄한 찬양은 이사야가 노래한 예언의 실현이다. (사 9.6)
"이는 한 아기가 우리에게 났고 …
영존하신 아버지라 평강의 왕이라 할 것임이라."

'한 아기'의 호칭 '평강의 왕'에서 명사 '평강'은

히브리어 'shalom'으로 평화와 휴식을 모두 의미한다.
메시아 여명에 관한 예언자의 노래는
누가에 의해 두 절의 찬가로 재구성된다. (눅 2.14)

"지극히 높은 곳에서는 하나님께 영광이요
땅에서는 하나님이 기뻐하신 사람들 중에 평화로다."
서로 병행하는 두 행에서 첫행은 영광의 찬송인 송영이며,
둘째 행은 구약에 제시된 문안의 재구성이다.

하늘과 땅에 깃든 '영광과 평화'는 하나님과 인간에게
선사되는 구원의 보화이다. 둘째 행에서 '지상의 평화'가
주어지는 대상은 하나님에 의해 선택받은 자이다.
즉 종말의 시점에 성취될 '평화의 나라' 수혜자이다.

누가가 작성한 아름다운 찬가는 서기 9세기 이후
성탄미사 찬송가 〈글로리아〉(Gloria)로 정착된다.
하나님 영광을 표제로 삼은 전통의 노래는
기독교찬송에서 '대영광송'으로 불린다.

라틴어 명사 'Gloria'는 활기찬 성탄노래를 대언하는 상징어이다.
구세주의 탄생을 보증하는 천상의 노래는
'메시아 아기'의 출현에 관한 고귀한 증언이다.
여기에 송축된 평화는 낡은 굴레를 벗어나는 화해의 성취이다.

새로이 태어난 아기는 화해자이며 평화의 설립자이다.
그의 사역과 복음에 의해 화해와 평화가 이루어진다.
아기예수 탄생은 '새로운 시대'의 출발을 알린다.
출생이야기에 관한 성탄목가 해석은 여기에 연결된다.

역사적으로 전해 내려온 메리 크리스마스 축제는
목가이해를 인도하는 정서적 지각에 바탕을 두고 있다.
성탄전야 분위기를 지배하는 즐거움의 풍요는
영원한 평화를 기다리는 인간감정의 표시이다.

'최초의 성탄'을 소재로 삼은 중세성화는
충만의 정감으로 가득 찬 소시민의 전원시로 그려진다.
전세계에 널리 애호되는 크리스마스 캐롤
〈고요한 밤 거룩한 밤〉은 목가정서의 표현이다.

원래 여섯 연으로 구성된 오스트리아 사제작가 Mohr의
6행시는 Gruber의 멜로디 가공에서 세 절로 축소된다.
안정되고 완만한 음조로 진행된 노래의 흐름은
마지막 두 행의 후렴에 이르러 높은 음으로 고양된다.

목동의 모티브는 둘째 연 전반을 구성한다.
"고요한 밤! 거룩한 밤!
목동에게 처음으로 통고되어

천사의 할렐루야를 통해."

반복시행 '고요한 밤, 거룩한 밤'에 이어진 둘째 행에는
시행을 인도하는 첫 단어 목동에 강세가 주어진다.
독일어 명사 목동의 복수형 'Hirten'에 조성된 강약조의
두 음절은 앞절이 강조되는 고저의 톤으로 조음하기에 적합하다.

간소한 형태의 세 행은 아기예수 탄생이 천사의 축송을
통해 들판의 목동에게 처음으로 알려졌다고 노래한다.
이것은 성탄노래 이해를 인도하는 목가의 반향이다.
청중은 '고요한 밤'을 느끼게하는 전원의 정감에 사로잡힌다.

"그들이 별을 보고 매우 크게 기뻐하고 기뻐하더라."

(마 2.10)

동방박사 순례는 목동의 계시와 함께 예수님 출생사의 두 축이다.
마태의 기사에는 메시아 탄생이 이방민족 대리자를 통해 증언된다.
그리스어 명사 'magoi'(마술사)에 유래하는 박사는 점성술사의 뜻이다.
우리말 성경에 번역된 동방박사는 동방의 현자, 천문학자이다.

동방박사 이야기 서두에 언급된 '그의 별'(마 2.2)은
새로이 태어난 유대왕의 출생을 지시하는 천상의 징표이다.

동방박사들은 고향에서 별빛의 인도로 예루살렘에 도착한다.
이곳에서 그들은 헤롯왕의 지시로 베들레헴으로 출발한다.

그들은 긴 여행 끝에 '그별'이 머무는 곳에 멈추어 서서
'매우 기뻐하며' 집으로 들어가 아기예수에게 경배한다.
"그들이 별을 보고 매우 크게 기뻐하고 기뻐하더라." (2.10)
여기에서 '기뻐하고 기뻐하다'는 '커다란 기쁨에 사로잡혔다'는 뜻이다.

출생이야기에 거듭하여 언급된 '베들레헴 별'에
관해서는 주석사에서 천문학 설명이 동원된다.
그것은 기원전 7년에 발생한 대근접,
즉 목성과 토성의 접합현상이다.

크리스마스를 며칠 앞두고 일어난 천체현상은 성탄의 랑데부이다.
성탄의 별 혹은 대강절 별이라는 명칭은 여기에 연유한다.
성탄의 별은 '베들레헴 별'을 지시하는 기독교 상징이다.
대강절 기간의 스웨덴 쇼윈도우에는 대강절 별이 화려하게 장식된다.

동방박사를 아기예수의 출생지로 안내한 '밝은 빛의 별'은
새로운 메시아 탄생과 그의 구원사역을 알리는 상징의 지표이다.
동방박사 순례를 소재로 삼은 초기성화를 보면
세 명의 순례자를 안내한 찬란한 별빛 아래에 작은 오두막이 있다.

1964년 Zoller가 작사, 작곡한 새로운 영적 노래
〈베들레헴 별〉(EG 559)은 순수한 성탄성가의 고전이다.
여기에는 아동노래와 민속음악 음계가 도입된다.
경쾌하고 약동하는 반복 멜로디는 민중동요의 산물이다.

5연 4행시 가사의 표제구문 "베들레헴 위의 별이여"는
모든 연에서 첫행과 마지막 행의 도입부를 장식한다.
그 결과 네 행의 체제에는 순환구성이 형성된다.
"베들레헴 위의 별이여"는 시전체의 진행을 인도하는 지표이다."

베들레헴 위의 별이여, 우리에게 길을 보여주소서.
우리를 구유로 안내하소서. 구유가 놓인 곳을 보여주소서.
우리가 그곳에 도달하기 전에 우리앞에 빛을 비추소서.
베들레헴 위의 별이여, 우리를 아기에게 안내하소서.

이방의 순례객은 아기예수에게 경배하기 위해
머나먼 지역에서 힘겹게 찾아온 반면
유대 통치자는 커다란 두려움에 사로잡힌다.
헤롯왕은 '새로운 유대왕'이 출생하였다는 전언에 몹시 경악한다.

자신의 위치에 불안을 느껴온 에돔족 후예는
동방박사의 예언적 비유명칭을 오해한 것이다.
헤롯은 즉시 동방박사들을 베들레헴으로 보내어 사실을 확인하려한다.

그는 이방 현자들이 매우 중요하게 언급한 인물이

메시아, 즉 그리스도라는 사실을 어느 정도 인식한 것으로 보인다.
때문에 미지의 '유대인 왕' 출생에 공포를 갖게 된다.
후일 예수님 고발의 죄목으로 사용된 '유대인의 왕'은 실제의
유대왕이 아니라 이스라엘을 구원할 메시아왕을 지시한다.

동방박사들은 아기예수에게 경배하고 예물을 드린 후에
'꿈속의 지시를 받고' 다른 길을 통해 고국으로 돌아간다. (2.12)
이와 같은 사실은 그들이 아기예수의 탄생을 증언하기 위해
천상에 의해 사전에 예비된 경배자라는 사실을 시사한다.

동방박사가 지참한 세 가지 귀한 예물 황금, 유향, 몰약은
3세기 후반 이후의 기독교전설에서 세 왕을 경배자로 보게한다.
이에 따라 기독교인은 매년 1월 6일을 '세 왕의 날'로 축하한다.
이날은 주님의 신성이 나타난 날로 주현절(Epiphany) 이라 불린다.

후세의 기독교 이야기에는 이름이 부여된 세 왕이 지참한 예물이
상징성을 얻는다. 황금은 유대인의 왕 예수님, 유향은 새로이
태어난 자의 거룩함, 몰약은 예수님의 도덕성을 지시한다.
세 가지 예물의 상징내용은 서로 연결되어 있다.

동방박사 경배를 다룬 근세성화를 보면

세 왕의 복장, 연령, 피부색이 각기 다르다.

이것은 그들이 상이한 나라의 대표자임을 가리킨다.

서로 떨어진 대륙에서 온 왕들이 동일한 경배에 참여한다.

동방박사 경배는 아기예수 탄생이 우주적 의미를 지님을 증거한다.

새로운 메시아 복음이 전세계로 퍼져 나가리라는 의미있는 예증이다.

마태의 출생사 기술은 아기예수의 출생에 새로운 아우라를 부여한다.

예수님의 명령을 위임받은 사도들의 선교는 전세계를 향해 전진한다.

"그안에 생명이 있었으니 이 생명은 사람들의 빛이라."

(요 1.4)

시적 문학성이 풍성한 요한복음은 숭고한 찬가로 시작된다.

열여덟 절로 편성된 서곡은 신약성서에서 가장 훌륭한 찬가에 속한다.

고대그리스어 명사 'hymnos'에 유래하는 찬가는

그리스 음악에서 하나님에게 드리는 장엄한 칭송의 노래이다.

'로고스 찬가'로 불리는 서곡의 운문은

언어의 긴장, 밀집, 아름다움을 구현한다.

상이한 문체요소는 실제의 독서에서 서로 용해된다.

이로 인해 찬가전체에 조화와 통일이 형성된다.

요한복음 서곡은 복음과 구원의 주체인
예수 그리스도의 오심에 대한 거룩한 칭송이다.
새로운 메시아의 출현은 다른 복음서와 달리
그의 존재와 의미의 차원에서 조명된다.

찬가의 도입부를 구성하는 두 절의 네 행은
음향리듬과 단어반복으로 매력적으로 들린다. (요 1.1-1.2)
네 개의 간결한 문장은 유사음향의 연쇄로 서술된다.
말씀이 세 차례, 하나님이 세 차례, 태초가 두 차례 언급된다.

세 단어의 반복사용은 찬가의 전체내용을 지시한다.
찬가의 출발은 신비롭고 매혹적인 언어형식으로 체험된다.
이와 같은 예술적 문체구사는 전승된 찬가의 질을 높여준다.
여기에는 영적 복음가 요한의 우수한 언어표현력이 구현된다.

형식의 매력을 구사한 도입부의 두 절은
지시하는 의미가 얼른 파악되지 않는다.
이미 극도로 절제된 첫행이 이해의 어려움을 가져온다.
"태초에 말씀이 계시니라." (요 1.1)

과거시칭 문장의 출발어 '태초'는 일반적 이해를 뛰어넘는 개념이다.
그리스어 명사 'arche'로 표기된 '태초'는 처음과 끝이 있는
시초가 아니라 시간제한을 넘어서는 영원의 시초를 지시한다.

문장의 주어 말씀은 바로 이 시초부터 존재한 주체이다.

여기에 암시된 말씀과 하나님의 연관은 천지창조의 메아리이다.
"태초에 하나님이 천지를 창조하시니라." (창 1.1)
"하나님이 이르시되 빛이 있으라 하매 빛이 있었고." (1.3)
창세기 1장 3절 문장의 동사 '이르시되'는 '말씀하다'를 뜻한다.

천지창조의 원천은 창조주 하나님의 말씀이다.
말씀은 그리스 원어에서 로고스(logos)로 표기된다.
여러 의미로 사용되는 로고스는 역사적으로 형성된 개념이다.
유대초기 기독교작가는 그리스철학에 선호된 로고스를

세계창조 능력인 인간과 하나님의 이성으로 받아들인다.
그러나 여기에 사용된 로고스는 하나님의 영원성에 관계된다.
서곡의 주제어 로고스는 후반부의 중심구절 14행에 이르러
그 의미가 분명하게 드러난다. 그것은 하나님의 아들 그리스도이다.

하나님의 말씀이 육신으로 변화되어 지상의 우리 안에 거주한다.
신성한 존재의 '육화'를 지시하는 개념은 성육신으로 표기된다.
그리스어 'sarkosis'(라틴어 'incarnatio')에 연원하는
기독교 용어 성육신에서 명사 육신(sarx)은 단순한

육체를 넘어 살과 피로 구성된 인간전체를 가리킨다.

그리스도 칭송은 여기에서 최고의 단계에 이른다.
"우리가 그의 영광을 보니 아버지의 독생자의
영광이요 은혜와 진리가 충만하더라." (요 1.14)

위의 두 행은 '아버지의 독생자의 영광'으로
인한 은혜와 진리의 충만을 송축한다.
독생자를 지시하는 그리스어 복합명사 'monogenese'는
유일자, 유일의 합법적 자식을 의미한다.

'로고스 찬가'는 초대교회 예배의식에서 개회찬송으로 사용된다.
복음의 진리와 은혜의 능력을 증거하는 운문시의 특성 때문이다.
전체단락은 세 곳을 제외하면 운문형식으로 기술되어 있다.
따라서 합창곡으로 가공하여 함께 부르기에 적합하다.

세 절의 도입부를 이어받는 두 절은 로고스의 새로운 착상이다.
"그안에 생명이 있었으니 이 생명은 사람들의 빛이라.
빛이 어두움에 비취되 어두움이 깨닫지 못하더라." (1.4-5)
두 절의 첫행에서 로고스의 실체는 생명과 빛으로 규정된다.

빛과 생명은 천지창조 사역의 원천이다. 서로 연결된 두 요소는 이제
예수 그리스도로 전이된다. 생명은 하나님에게 속한 영적 생명으로
인간창조의 근원이다. 생명의 외적 표시인 빛은 구원과 계시의
매체이다. 새로운 메시아의 출현은 영적 빛의 차원에서 조명된다.

둘째 행에는 빛의 작용이 어둠의 세계와 대조하여 설명된다.
어둠속에 살아가는 사람은 자신에게
비쳐오는 생명의 빛을 '깨닫지 못한다'.
불의한 악의 세력에 사로잡혀 밝은 진리를 보지 못하기 때문이다.

생명의 빛은 초막절 설교에 이어지는 기다란 연설의
서두에서 '따름'의 문맥 아래 다시 언급된다. (요 8.12)
"나는 세상의 빛이니 나를 따르는 자는
어둠에 다니지 아니하고 생명의 빛을 얻으리라."

'나는 이다'(ego eimi)의 어법도식으로 표현된
비유문장은 예수님을 '세상의 빛'으로 규정한다.
이것은 서곡 4-5행에 언급된 빛의 보완적 계승이다.
로고스인 빛은 세상의 죄악과 어둠을 벗겨내는 구원의 주체이다.

후반문의 서술부 '어둠에 다니지 아니하고'는
앞에 있는 불빛의 안내로 밝은 길을 걷는다는 뜻이다.
즉 영적 생명으로 인도되는 것이다.
영적 전진을 상징하는 '걸어감'은 요한 고유의 서법이다.

예수님을 따라 밝은 길을 걷는 자는 '생명의 빛'을 얻는다.
새로운 동격은유에는 영생과 부활의 의미가 내포되어 있다.
영생의 획득은 예수님의 빛을 좇아

살아간 자에게 베풀어지는 특별한 은사이다.

서곡의 후반부를 시작하는 첫행은 앞의 4-5절을 이어받는다.
"참빛 곧 세상에 와서 각사람에게 비추는 빛이 있었나니." (1.9)
'참된 빛'은 어둠을 밝히는 진정한 구원자이다.
물론 그리스도가 오기 전에도 이미 빛은 존재한다.

그러나 빛의 원래 근원은 그리스도와 함께 드러난다.
여기에서 모든 다른 빛이 생성된다.
이런 의미에서 빛의 진실성을 지시하는 '참된 빛'으로 표현된다.
어둠의 자녀가 '참빛'을 보지 못하는 것은 스스로의 죄악 때문이다.

요한복음 서곡은 로고스의 육화로 규정된
예수 그리스도를 생명의 빛으로 표현한다.
생명의 빛은 어둠에 갇힌 자를 영생으로 인도하는 구원의 매체이다.
구원과 영생의 빛은 요한복음을 인도하는 표지판이다.

예수님의 오심을 칭송하는 찬가는 생명과 빛의 노래로 이전된다.
생명과 빛은 문서전체를 관류하는 기본어휘이다.
저자 요한이 문서의 처음에 배치한 찬가는 복음서의 방향을 예시한다.
독자는 요한복음 서두에서 은혜로운 구원의 복음으로 안내된다.

"내눈이 주의 구원을 보았사오니."

(눅 2.30)

우리는 누가복음의 출생사 기술에서 세 편의 찬가를 만난다.

이들은 신약성서에서 가장 아름다운 복음찬가에 속한다.

세례요한의 출생이야기에 이어진 사가랴 찬양은

성령의 충만으로 불린 예언의 노래이다. (눅 1.68-79)

열두 행으로 구성된 고귀한 찬가는

앞에 제시된 마리아 찬송과 짝을 이룬다(1.46-55).

저자는 두 개의 찬가를 통해 예수님의 출생사를

훌륭한 문학적 서사로 구성하고 있다.

예수님생애의 근원인 출생이야기는 서로 병행하는

두 편의 찬가에 의해 최고의 시적, 예술적 가치를 획득한다.

사가랴 찬양은 문체와 음조에서 다른 예언의 언어와 구분된다.

여기에는 마리아 찬송과 달리 산문형식의 종속문이 선호된다.

나열형식에 의거하는 병렬문에 대조되는 종속문은

복합적 사상과 상세한 관념을 기술하는데 적합하다.

찬가전체의 진행은 종결부를 장식하는 메시아 축송을 향해 움직인다.

호격명사 '아이여'로 시작되는 후반부는 아기요한의 출생을 예언한다.

그가 증언할 메시아 사역은 '구원의 인식'으로 표현된다. (1.77)

"주의 백성에게 그 죄사함으로 말미암는 구원을 알게 하리니."

특별한 용어 '구원의 인식'은 구원의 행위에 관한 영적 깨달음이다.

이 심오한 주제는 마지막 두 행에서 구체화된다. (1.78-79)

"돋는 해가 위로부터 우리에게 임하여

어둠과 죽음의 그늘에 앉은 자에게 비치고."

시적으로 표현된 두 행은 구원의 실현을 태양빛의 작용으로 노래한다.

첫행은 솟아오른 태양의 비춤을 통해 천상적 미래의 희망을 구가한다.

의미있는 시각적 비유상은 둘째 행에서 어둠과

죽음으로부터 해방을 가져오는 빛으로서의 예수님에 연결된다.

사가랴찬양을 매듭짓는 두 행은 숭고한 시므온 노래로 이어진다.

"이방을 비추는 빛이요 주의 백성 이스라엘의 영광이니이다." (2.32)

사가랴찬양의 결구를 장식한 '구원의 인식'은

곧이어 경건한 시므온에 의해 직접 증언된다.

노인 시므온은 "그리스도를 보기 전에는 죽지 않는다" 라는

성령의 지시를 받은 이스라엘의 대리자이다. (2.26)

그는 성전에 들어와 아기를 팔에 안고 찬송을

부르며 놀랍게도 메시아 구원을 직접 체험한다.

"내 눈이 주의 구원을 보았사오니

이는 만민 앞에 예비한 것이요." (2.30-31)

위의 두 행에서 '주의 구원'은 모든 백성을
위해 미리 준비된 계획으로 칭송된다.
간결한 자기고백은 주님의 구원에 관한 확신의 고백이다.
영의 눈에 의한 '구원의 인식'은 가장 분명한 내면의 확인이다.

여기에 구사된 지각적 표현은 유사한 예를 찾아보기 힘들다.
자신의 정신적, 영적 감동을 생생하게 표현한 창의적 시구는
신약성서에 나오는 가장 아름다운 찬가의 구절에 속한다.
성서의 독자는 시므온의 노래에 동화되는 기쁨을 체험한다.

죽음은 종의 신분 종식으로 인한 자유와 해방의 사건이다.
주님의 구원을 확신한 마지막 감사기도는
찬송의 주체를 평안의 죽음으로 인도한다.
그것은 이방을 비추는 빛이며 이스라엘 백성의 영광이다.

시므온 노래는 라틴어성서에 의거하여 'Nunc Dimittis'로 표기된다.
라틴어 표제는 찬가의 첫구절 '이제는 놓아주다'에 근거한다. (2.29)
'Nunc Dimittis'는 충만, 평화, 안식의 정감으로 인해
초대교회에서 하루의 마지막을 칭송하는 감사노래로 선호된다.

4세기 이후로는 저녁예배에 저녁기도, 저녁노래로 불린다.

1915년 영국 작곡가 Holst는 누가의 찬가를 노래로 작곡한다.
라틴어원문에서 번역된 영문텍스트는 〈일반기도책 1662〉에 실린다.
두 부분으로 구성된 가사의 전반 4행은 아래와 같다.

"이제 주여 당신의 종이 평안하게 떠나가게 하소서.
당신의 말씀대로/ 나의 눈이 당신의 구원을 보았으니/
당신이 모든 사람앞에 예비한 것이요/ 이방을
비추는 빛이요 이스라엘 백성의 영광이로다."

시므온 노래의 공연은 안정되고 잔잔한 멜로디의
출발로 인해 듣는 자의 영혼에 평안과 위로를 선사한다.
그러나 둘째 행의 '당신의 구원'에서 높은 톤으로 넘어간다.
'구원의 인식'은 가공된 노래의 연주에도 중요한 자리를 차지한다.

"너는 내 사랑하는 아들이라. 내가 너를 기뻐하노라."

(막 1.11)

하나님의 구원계획에 따라 예수님은 세상에 보내진다.
지상에서 새로운 메시아 사명을 이행하기에 앞서
그에게 주어진 최초의 과제는 세례를 받는 일이다.
예수님은 세례를 받기 위해 고향 나사렛에서 요단강으로 이동한다.

마태는 예수님이 세례요한에 의해 세례를 받는 이유를
'모든 의를 실현하기 위해' 라고 설명한다. (마 3.15)
이것은 자신의 백성을 위해 하나님의 종으로
죄인을 구원할 메시아의 위임을 지시한다.

당시의 세례는 물려받은 죄를 물로 깨끗이 씻는 침례예식이다.
이와 같은 사실은 세례 이후의 행동을 지시하는 과거문장
"곧 물에서 올라오실새"에서 알 수 있다. (막 1.11)
예수님은 세례예식의 거행에서 물속에 들어갔다 다시 나온다.

신성한 침례예식은 삼위일체 하나님이
예수님을 믿는 인간에게 중재하는 최초의 은총예식이다.
이를 통해 물려받은 원죄의 제거가 실현된다.
세례를 받는 성도에게 하나님에게 가까이 가는 계기가 주어진다.

두 절로 제한된 세례예식 기사의 주된 내용은 세 가지로 정리된다.
참회세례를 향한 예수님의 순종, 메시아에게 부여된 성령의 능력,
하나님아들의 신분에 대한 신적 선언이다. 이를 통해 새로운 메시아는
모든 인간을 위한 구원사역을 감행할 자격을 얻게 된다.

역사적 세례예식은 세례의 수혜자에게 세 단계 체험으로 중재된다.
제일 먼저 이루어진 '하늘의 열림'은 하나님이
그리스도 안에서 세상에 내려옴을 지시한다.

이로인해 하늘과 지상 사이의 소통이 가능해진다.

둘째, 열린 하늘에서 성령이 비둘기처럼 내려온다.
비둘기가 부드러움을 대언하는 단순한 비유가 아니라
'보임'의 현상을 지각적으로 나타낸다는 사실은
누가의 보충구문 '형체로'에서 증명된다. (눅 3.22)

여기에서 '형체'란 사람과 같은 가시적 형상을 말한다.
즉 내려오는 운동의 실재성을 지시한다.
세례의 수혜자는 성령의 하강을 시각으로 감지한다.
이것은 가장 명료한 신적 현현의 체험이다.

셋째, 하늘로부터 직접 소리가 들려온다.
"너는 내 사랑하는 아들이라. 내가 너를 기뻐하노라." (막 1.11)
이것은 예수님에게 시현된 신적 계시의 확증이다.
'내 사랑하는 아들'은 하나님과의 고유관계를 지시한다.

이어지는 문장은 예수님을 기쁨을 주는 아들로 선포한다.
즉 아버지에게 호의와 즐거움을 선사하는 아들이다.
하나님은 이제까지 증명된 순종에서 뿐만 아니라
앞으로 실현될 구원계획에서 아들에게 호의를 느낀다.

천상의 계시는 세례받는 자에게 시각과 청각의 양면으로 전달된다.

신비로운 성령의 하강은 눈으로 확인되며
하늘의 음성은 청각에 의해 중재된다.
이와 같은 지각적 표현방식은 세례체험의 현실성을 보증한다.

위의 인용문에 선포된 '사랑하는 아들'은 부성에(父性) 연결된다.
하나님의 부성은 아버지와 아들사이의 고유관계를 규정한다.
삼위일체에 근거하는 아버지와 아들의 관계는 영원히 지속된다.
예수님은 아들의 영을 받아들여 하나님을 '아바 아버지'라 부른다.

'아바 아버지'는 예수님과 하나님의 교제를 지시하는 고유명칭이다.
예수님은 겟세마네 기도에서 바로 이 호칭을 사용한다. (막 14.36)
"아빠 아버지여 아버지께는 모든 것이 가능하오니."
여기에서 선행하는 명칭 '아빠'는 아람어 '아바'(abba)를 가리킨다.

예수님의 세례예식은 위대한 '메시아 봉헌'이다.
다시 말해 하나님 자신에 의한 메시아 선포이다.
앞으로 수행될 복음사역은 세례예식 증언에 근거한다.
'사랑받는 아들'로 하나님의 뜻을 실현할 구원자의 행적이다.

예수님 세례예식은 저명한 화가에 의해 시각작품으로 이전된다.
신성한 세례예식의 관건은 비둘기처럼 내려오는 성령의 묘사이다.
눈에 보이는 성령하강의 '형체'는 보통 사선형
직선으로 형상화되는 가느다란 빛의 광선으로 표현된다.

Leonardo da Vinci와의 협업 아래 제작된
피렌체 화파의 르네상스 화가 Verrocchio의 템페라
〈그리스도 세례〉(1470-1475)는 역사적 세례예식에
시현된 신비로운 성령하강 장면에

포커스를 맞춘 대표적 시각작품이다. (그림 1)
세례예식이 베풀어진 장소는 나무, 바위, 산이 있는
숲의 풍경을 배경으로 삼은 호젓한 강가이다.
서로 마주보는 두 인물 사이의 좁은 공간에 둥근 샘이 보인다.

기다란 십자가막대를 왼손에 쥐고있는
엄숙한 표정의 세례요한이 오른손에 들고있는
둥근 그릇의 물을 예수님 머리 위에 붓는다.
십자가막대의 정상을 형성하는 십자가가 황금빛으로 빛난다.

중심부위만 연적색 장식천으로 가린 나체의 세례수혜자는
경건하게 두 손을 모은 자세로 눈을 감고 서있다.
이제 곧 울려올 천상의 음성에 접할 하나님아들의 모습이다.
화면의 상단 중앙에 연회색 비둘기가 두 날개를 펼치고 떠있다.

바로 그위에 '사랑하는 아들'을 선포한
하나님의 펼쳐진 두 손이 작은 크기로 보인다.
두 손은 신비의 성령을 내려보내는 천상의 주체이다.

성부, 성자, 성령, 세 요소의 공존은 삼위일체의 구현이다.

비둘기 아래 조성된 작은 황금빛 공간에 화살모양의
길고 짧은 광선이 반원형상을 그리며 수없이 쏟아진다.
그 아래 왼쪽 발을 약간 구부리고 서있는 예수님의
머리 위에 진한 황금빛 십자가 후광이 조성되어 있다.

광야의 복장을 착용한 세례자의 머리위에도
유사한 빛깔의 타원형 후광이 놓여있다.
역사적 세례예식에 두 명의 천사가 동반된다.
본문에 나오지 않는 장면은 작가 자신의 착상이다.

화면 좌측의 야자수나무 아래의 평평한 바위돌위에 연청색 옷을 입은
금발머리 두 천사가 무릎을 꿇고있다. 예수님을 바라보는 한 천사는 연
한 금빛 테두리로 수놓은 백색 천을 팔위에 들고 있다.
연청색 예복을 갖춘 두 천사는 세례예식 유일의 증인이다.

**"사람이 떡으로만 살 것이 아니요, 하나님의 입으로부터 나오는 모든 말
씀으로 살 것이라."**

(마 4.4)

예수님의 공생애활동 초기에 제시된 유혹이야기는

앞으로의 예수님 복음사역의 수행뿐만 아니라
믿는 자의 삶을 위한 중요한 메시지를 담고있다.
그 구체적 내용은 이야기 종반에 이르러 밝혀진다.

마가의 유혹이야기 종결장면에 따르면 예수님
유혹은 낙원의 아담유혹 문맥에서 역전적으로 이해된다.
아담은 사탄의 유혹에 굴복한 반면 예수님은
사탄의 유혹을 물리치고 최초인간의 죄를 제거하는

새로운 아담이 된다. 들짐승이 함께하는 광야는
새로운 형태의 낙원을 지시한다. (막 1.12)
유대후기의 전승에 의하면 아담 역시 천사의 시중을 받는다.
사탄의 유혹을 물리친 예수님과 함께 종말의 낙원의 예시된다.

요단강에서 세례를 받은 예수님은 곧이어 악마의 시험을 받는다.
서로 대조되는 두 사건은 하나로 연결되어 있다.
악마와의 싸움에서 이기는 것은 하나님의 아들을 증거하는 일이다.
악마의 시험장소는 요단강 하류의 산비탈에 면한 메마른 사막이다.

전승에 의하면 서부요르단 도시 여리고에서 멀지않은 곳에
'시험의 산'으로 불리는 유대 산악지대가 발견된다.
오늘날에는 산의 경사에 그리스정교 수도원이 위치해 있다.
관광객은 여리고에서 케이블카로 수도원까지 도달할 수 있다.

유혹의 주체인 사탄은 유대의 법률용어로 '고소인', '고발인'을 뜻한다.
그는 인간을 구원하는 성령의 작용을 방해하는 지상의 주인이다.
그에게 주어진 최초의 과업은 예수님을 파멸시키는 일이다.
그러나 그 역시 만물의 창조주 하나님의 권능에 예속되어 있다.

마태는 악마의 시험을 마가보다 훨씬 자세하게 기술한다.
두 절로 제한된 마가의 기사에는 시험의 과정과 내용이 유보되어 있다.
악마의 시험을 물리친 결과만 제시되어 있다. (막 1.13)
들짐승과 지내며 '천사들이 수종들었다'는 낙원의 삶을 연상시킨다.

Cole의 유화 〈천사가 광야의 그리스도에게 시중들다〉(1843)에는
황량한 밤의 광야에 낮은 바위산을 배경으로
흰옷을 입은 예수님이 둥치가 잘려나간 거대한 고목나무
아래에 머리를 숙이고 기도자세로 앉아있다. (그림 2)

두 명의 천사가 예수님 양옆에서 공손하게 시중을 들고 있다.
한 명은 왼손에 황금색 잔을, 다른 한 사람은
식량과 위로를 제공하는 항아리를 두 손에 들고 있다.
암흑의 배경화면은 인물을 둘러싸는 따스한 빛과 대조된다.

마태의 기사에서 열한 절 단락을 열어주는 부사구 '그때에'는
예수님이 세례요한에 의해 세례를 받은 시점을 가리킨다. (마 4.1)
세례예식의 거행과 악마의 유혹은 거의 동시에 일어난다.

예수님은 성령의 힘에 이끌리어 외딴 광야로 나간다.

성령의 힘에 의해 인도되는 것은 예수님이
악마의 시험을 물리치는 것이 필수적이기 때문이다.
예수님은 40일 밤낮으로 금식한 이후 굶주림에 시달린다.
시험자는 예수님에게 나아와 다음과 같이 유혹한다.

"네가 만약 하나님의 아들이어든 명하여
이 돌들로 명하여 떡덩이가 되게 하라." (마 4.3)
가정법을 사용한 위의 발언은
시험대상자의 궁핍상황을 이용한 교묘한 술책이다.

즉 그의 굶주림을 해소할 수 있는 방안의 제시이다.
그러나 돌을 떡으로 만드는 행위는
하나님의 권능과 사랑을 의심하는 처사이다.
이와 같은 마법의 주술은 하나님아들에게 통용되지 않는다.

사탄의 교활한 발언에 대해 예수님은
구약의 기록을 통해 강하게 대처한다. (4.4)
"사람이 떡으로만 살 것이 아니요
하나님의 입으로부터 나오는 모든 말씀으로 살 것이라."

자주 인용되는 유명한 구절은 신명기 8장 3절의 인용이다.

이스라엘 백성이 만나의 선물을 망각한데 대한 경고의 메시지이다.
하나님의 계명은 사탄의 유혹을 물리치는 원동력이다.
'입으로부터 나오는' 말씀은 살아있는 말씀의 힘을 가리킨다.

하나님의 말씀에 내재한 성령은 물질의 욕구와
세상의 권세를 무력화하는 강한 힘을 갖는다.
성령의 충만은 삶의 방식과 목표를 하나님에게 두게한다.
성서에 나오는 위대한 믿음의 선조는 이와 같은 삶을 산 성인이다.

'말씀으로 산다는 것'은 떡이 없이 생존할 수 있다는 의미가 아니라
말씀의 진리와 권능에 삶의 진정한 가치를 둔다는 뜻이다.
떡으로만 사는 것은 육의 인간이 취하는 생활방식이다.
영의 인간은 하나님말씀에 의거하여 참된 평안을 누리며 살아간다.

예수님의 발언에는 하나님말씀이 갖는 영적 능력에 중점이 주어진다.
이와 같은 사실은 기타문서인 히브리서에 탁월하게 표현된다.
약속으로서의 하나님말씀을 서술하는 4장 첫단락의 종결부에는
하나님말씀이 행사하는 영향력이 내면을 꿰뚫는 언어로 표현된다.

"하나님 말씀은 살아있고 활력이 있어
좌우에 날선 어떤 검보다도 예리하여
혼과 영과 및 관절과 골수를 찔러 쪼개기까지 하며
또 마음의 생각과 뜻을 판단하나니." (히 4.12)

'좌우에 날선 검'은 양면으로 갈아진 칼을 뜻한다.
하나님의 말씀은 예리한 양날의 칼처럼 인간내면에
깊숙히 침투하여 모든 것을 선명하게 가르는 역할을 한다.
아울러 우리 생각과 의도를 판단하는 심판자이다.

하나님의 말씀은 우리의 내면을 꿰뚫어보고 판단한다.
우리의 귀가 하나님말씀에 내재한 성령의 음성에
열려있다면 우리는 완전히 새로운 마음을 갖게 된다.
우리의 마음이 밖으로 드러나 깨끗하게 할 수 있기 때문이다.

피조물인 인간존재는 세계와 인간을 창조한
하나님의 말씀의 힘에 의해 움직이고 지배된다.
하나님의 말씀은 기독교인의 삶과 신앙을 인도하는 동력이다.
그는 성서의 말씀을 생명의 양식으로 삼고 살아가는 영적 존재이다.

"하늘이 열리고 하나님의 사자들이 인자 위에 오르락 내리락 하는 것을 보리라."

(요 1,51)

요한이 제시한 최초의 제자선정 기사는 다른 복음서와 구분된다.
그는 비교적 상세하게 기술한 소명이야기에서
나다나엘의 부름에 중점을 부여한다. (요 1,45-51)

'하나님 선물'을 뜻하는 히브리어 'Netanel'에서

파생된 이름 나다나엘은 마태복음의 열두제자 명단에
빌립과 함께 명명된 바돌로매와 동일시된다. (마 10.3)
"빌립과 바돌로매, 도마와 세리 마태, 알패오의 아들 야고보와 다대오"
돌로매의 아들을 뜻하는 바돌로매는 나다나엘의 별칭이다.

벳새다 사람 빌립은 예수님의 단호한 명령
"나를 따르라"에 즉시 동행을 결단한다. (요 1.43)
그리고나서 나다나엘을 찾아가 나사렛 예수를 증언한다.
나다나엘은 "나사렛에서 무슨 선한 것이 날 수 있느냐"고 반문한다.

빌립은 "와서 보라"고 대답하며 그를 예수님에게 인도한다. (1.46)
'가서 보는 것"은 메시아를 인식하는 가장 확실한 행위이다.
예수님은 나다나엘에게 "이는 참으로 이스라엘 사람" 이라고 칭찬한다.
여기에서 이미 이야기의 마지막에 등장할 야곱과의 연관이 암시된다.

독자적 소명이야기에는 신비로운 하늘의 계시가 따른다.
이와 같은 복합구성은 저자 고유의 착상이며 업적이다.
나다나엘은 자신의 내면을 '투시하는' 예수님의 발언에서
상대방이 평범한 인물이 아니라는 사실을 직감한다.

나다나엘의 물음 "어떻게 저를 아시나이까"에

대한 예수님의 답변은 더욱 충격적이다.
"네가 무화과나무 아래 있을 때에 보았노라." (1.48)
'무화과나무 아래'는 하나님의 말씀을 읽고 묵상하는 유익한 공간이다.

예수님의 선언은 나다나엘에 관한 정확한 인식을 보여준다.
놀라운 답변에 접한 나다나엘은 다음과 같이 고백한다. (1.49)
"당신은 하나님의 아들이시요 당신은 이스라엘의 임금이로소이다."
예수님은 "이보다 더 큰일을 보리라"고 마지막으로 대답한다.

소명이야기를 마감하는 종결문은 '더 큰일'의 내용이다.
여기에 제시된 장면은 창세기에 기술된 야곱이야기의 재현이다.
에서를 피해 하란을 향한 도피길에 오른 야곱은
날이 저물자 산속에서 돌을 베개삼아 잠이 든다.

그의 꿈속에 신비로운 하늘의 환상이 펼쳐진다. (창 28.12)
"사닥다리가 땅위에 서있는데 그 꼭대기가 하늘에 닿았고
또 본즉 하나님의 사자들이 그위에서 오르락 내리락 하고."
열려진 하늘의 장면에서 사다리는 하나님의 거처가 있는

성전의 산에서 인간의 장소로 내려오는 비탈길이나 층계를 뜻한다.
천사들은 사다리를 통해 하늘에 올라갔다 다시 내려온다.
다음날 아침 일찍 잠에서 깨어난 야곱은 그곳에 돌기둥을
세우고 벧엘, 즉 '하나님의 집' 이라고 명명한다. (28.18-19)

히브리어 'Bet El'(라틴어 'Bethel')로 표기된 계시장소는
지헴(Sichem)에서 예루살렘으로 가는 남북 연결지점에 위치하고 있다.
이곳은 바다에서 요단강 저지대로 나가는 가장 편리한 길이다.
그러나 지리적 위치보다 더 중요한 것은 근처에 있는 성소이다.

이곳은 후기 이스라엘 시기까지 하나님의 신성이 존경받는 장소이다.
벧엘은 가나안 사람과 후일 정착한 부족에게 중요한 성소가 된다.
제국분할 이후로는 북이스라엘의 거대한 성소로 큰 의미를 획득한다.
기원전 9세기에는 성소의 도시가 예언자학교의 중심지로 발전한다.

야곱의 꿈의 계시에 연결된 인상적 구절은 다음과 같다.
"하늘이 열리고 하나님의 사자들이 인자 위에
오르락 내리락 하는 것을 보리라." (요 1.51)
제자들을 향한 고귀한 약속은 '새로운 하늘의 사다리'로 표현된다.

하늘의 사다리에 관한 새로운 표상은
요한의 문맥에서 하나님이 현존하는 장소를 지시한다.
다수의 천사가 '인자 위에' 오르내리는 것은
예수님과 하나님에 대한 포괄적 존경을 의미한다.

'새로운 하늘의 사다리'에 관한 환상은
하늘이 인간을 위해 열려있음을 지시한다.
여기에서 하나님과 인간 사이의 교류가 가능해진다.

하늘의 열림은 요한계시록의 보좌환상 서두로 인도한다.

여기에는 하늘의 문이 열리면서 보는 자에게 천상보좌가 나타난다.
"이 일 후에 내가 보니 하늘에 열린 문이 있는데." (계 4.1)
'열린 문'은 멀리 떨어진 하나님과 보는 자의 거리를 단축한다.
이로 인해 천상보좌와 보좌의 좌정자가 눈앞에 펼쳐진다.

이제 비유형식으로 표현된 두 행의 의미를 정리해보자.
하늘과 지상을 맺어주는 가교는 두 개의 '기둥' 위에 놓여있다.
하나는 사자를 보내는 하나님이며 다른 하나는 인간 예수님이다.
요한의 소명이야기는 부름의 주체인 예수님 계시로 종식된다.

환상의 야곱이야기에 근거하는 하늘의 사다리는
예술가의 시각적 상상력을 자극하는 소재로 대두된다.
독일 바로크화가 Willmann의 유화 〈야곱의 꿈풍경〉(1691)은
야곱의 꿈을 기술한 창세기 장면을 시각적으로 연출한다. (그림 3)

짙은 채색의 화면은 진초록 식물과 옛건물
단편이 있는 깊은 원시의 숲을 배경으로 삼고있다.
화면 좌측에 서있는 나무 아래에 희미하게 황금빛 돌기둥이 보인다.
화면의 우측 가장자리에 온통 무성한 나뭇가지 숲으로

덮인 거대한 나무가 약간 좌측으로 기울어진 채 서있다.

바로 그곳에서 거대한 사다리가 지상에서 하늘을 향해 뻗어있다.
지상의 자연풍경과 천상의 환상을 이어주는 소통의 가교이다.
춤을 추듯 빛나는 작은 천사들이 거대한 사다리 위에서

점점 밝아오는 구름을 통해 연푸른 하늘속으로 올라갔다 내려온다.
드높은 사다리의 정상은 하나님이 꿈꾸는 자에게 보여지는
희미한 원형윤곽으로 묘사된 빛의 평면에서 사라진다.
이곳은 천국의 주인 하나님이 거주하는 신성한 영역이다.

좌측으로 약간 기울어진 드높은 사다리 아래에
젊은 야곱이 돌베개에 기댄 두 팔에 얼굴을
파묻은 채 붉은 천 위에 엎드려 잠을 자고 있다.
그앞에 지팡이가 놓여있고 개가 잠을 자고 있다.

17세기 말의 유화 <야곱의 꿈풍경>에 연출된
환상장면은 긴 여행끝에 숲속에서 돌베개를 베고
잠이 든 야곱의 꿈에 보여진 놀라운 계시의 풍경이다.
관찰자는 야곱이 꿈속에서 하나님을 만난 놀라운 체험에 동화된다.

"주의 은혜의 해를 전파하게 하심이라."

(눅 4.19)

누가가 복음서의 초반에 예수님의 갈릴리사역 기사에 이어
예수님의 최초설교를 소개한 것은 독자에게 신선한 감동을 제공한다.
여기에는 앞으로 수행될 메시아 사역의 예시와 함께
다른 곳에서 발견하기 힘든 종말의 복음이 선포된다.

예수님은 고향 나사렛에서 회당에 들어가 성경을 펼치고
구약의 이사야 61장 1-2절에 제시된 '제2공과'를 낭송한다.
'주님의 기름부은 자 노래'의 전반에 해당하는
두 절은 메시아사역을 설명하는 적절한 예언서 본문이다.

예수님은 다른 '종의 노래' 처럼 이곳에
자신의 사명이 분명하게 예시되어 있다고 생각한다.
그리하여 공적 활동의 출발점에 의미있는 예언을 인용한다.
여기에는 그의 미래에 주어질 고난의 열매가 나타나 있으며

그가 제공한 다양한 기적은 기록된 예언내용과 일치한다.
눈먼 자를 보게 하는 것은 예수님이 거듭하여 실시한 치유기적이다.
벳새다 맹인의 치유와 바디매오의 개안기적은 역사적 쾌거이다.
요한복음 9장에는 태생의 맹인의 눈이 밝아지는 영적치유가 발생한다.

이사야 시구는 누가에 의해 현재의 지평에서 표기된다.
"주의 성령이 내게 임하셨으니 이는 가난한 자에게
복음을 전하게 하시려고 내게 기름을 부으시고
나를 보내사 포로된 자에게 자유를, 눈먼자에게

다시 보게함을 전파하며, 눌린자를 자유롭게 하고." (눅 4.18)
비교적 길게 서술된 문장은 예수님의 활동을 정확하게 기술한다.
성령의 부여와 기름부음은 복음전파의 원동력이다.
억눌린 자를 자유롭게 하는 것은 예수님 사역의 기본취지이다.

누가복음 7장 중반에는 옥중의 세례요한에게 예수님의
말씀과 활동을 알리기 위해 이사야 35장 5절이 확대되어 인용된다.
"맹인이 보며 못걷는 사람이 걸으며 나병환자가
깨끗함을 받으며 귀먹은 사람이 들으며 죽은 자가 살아나며

가난한 자에게 복음이 전파된다 하라." (7.22)
6행의 병행시구에 제시된 내용은 이사야서
61장에 예언된 미래의 메시아 사역에 유추된다.
고대하였던 메시아 행적은 자비의 산물로 표현된다.

자비와 사랑의 예수님은 병자를 치유하고 소생기적을 수행한다.
여섯 부류의 집단에 베풀어지는 은혜의 기적은
위대한 구원복음의 선포이다. 예수님은 단순한

새시대의 예언자가 아니라 새시대를 완성하는 자이다.

이사야 61장 도입부의 둘째 절은 구약에 제시된
예언의 실현을 확실하게 하기 위해 인용된다.
"주의 은혜의 해를 전파하게 하심이라." (4.19)
예수님은 '은혜의 해'를 종말의 구원시기로 선포한다.

이제 하나님에 의해 약속된 구원시기는 시작된다.
이것이 이사야서에 근거하는 메시아사명의 핵심이다.
우리는 귀중한 예수님의 취임설교를 통해
예언된 '은혜의 해'의 다가옴을 소망으로 기대한다.

〈우리는 주님의 은혜의 해를 선포한다〉는 예수님의
첫설교 문안을 멜로디로 옮긴 간소한 소품이다.
Wallis 부부가 작사, 작곡한 노래의 마지막에는
특별히 '주님의 은혜의 해'가 두 차례에 걸쳐 강조된다.

"기뻐하고 즐거워하라."

(마 5.12)

마태의 설교시리즈 정상인 산상수훈의 서곡은
마태복음 5-7장을 포괄하는 산상수훈의 관문이다.

여기에는 계획적으로 조정된 체제에 의거하여
이어지는 '가르침 연설'의 주제가 예시되어 있다.

산상수훈을 인도하는 '복의 찬양'은 당시에
보급된 설교유형에서 볼 때 고유의 특성을 지닌다.
'복의 찬양'은 개인의 상황과 관계없이 인간에게 구원을 약속한다.
예수님의 천국선포에는 하나님의 약속이 지금 진실로 실현된다.

개별시행을 이끄는 서두의 공통도식
'복이 있나니'는 현재의 축복을 지시한다.
현재시칭으로 표현되는 서술부 '복이 있나니'는
신약성서에서 '복의 기원'을 대언하는 상징구문이다.

마태복음 제5장 서두는 산상수훈 서시이다.
시의 형태로 서술된 열 절의 단락은 저자 고유의 업적이다.
평원설교로 불리는 누가의 병행기사는
네 절의 분량으로 축소되어 있다. (눅 6.20-23)

서시의 서술형식은 대부분 객관적 진술문이며
산문으로 표현된 종결부만이 명령문이다.
시의 마지막 진술에서 명령으로의 이행은
역동의 고양과 상승효과를 가져온다.

여덟 행의 운문과 마지막 두 절의 산문 사이에 극적 전이가 일어난다.
복수3인칭 주어에 의거하는 3-10행은
복수2인칭 주어를 사용하는 11-12절과 대조를 이룬다.
앞부분이 객관적 기원이라면 뒷부분은 주관적 당부이다.

3-10행의 진행을 인도한 '복의 기원'은
11-12절에서 화자 자신의 발언으로 넘어간다.
시전체의 경계를 이루는 새로운 두 절은
앞의 10행을 보다 구체적으로 설명한다.

여덟 개의 시행과 한 개의 산문구절을 거쳐 진행된
축복의 노래는 마지막 절의 서두에서 정점에 도달한다.
"기뻐하고 즐거워하라." (마 5.12)
루터성서 개역본에는 두 번째 동사 '즐거워하라'가

보다 강한 의미를 가진 '환호하라'로 번역되어 있다.
기쁨의 점진적 강화를 지시하는 명령문은
설교의 상대역인 '너희'를 향해 있다.
새로운 호격주어 '너희'는 설교를 듣기 위해 모여든 제자와 군중이다.

나아가 산상수훈을 읽고 묵상하는 독자 전체를 지칭한다.
간결한 명령으로 표현된 기쁨과 환호의 구가는
모든 축복의 대상자에게 주어지는 마지막 선물이다.

여기에는 마지막 때에 이루어질 종말의 구원이 예시되어 있다.

 기독교인이 온갖 현실의 핍박속에서 승리의 환호를 외칠 수 있는 것은
 오로지 최후심판의 날에 주어질 천국의 보상 때문이다.
이 거대한 은총은 인간의 활동이나 업적이 아니라
하나님의 연민과 사랑에 의해 주어진다.

산상수훈 서곡을 마감하는 환호의 명령은 세 장의 설교를 인도한다.
독자는 이어지는 다양한 주제의 연설을 기쁨의 기대로 읽게 된다.
이와 같은 기대는 산상수훈의 중심을 형성하는 주님의 기도와
보화의 축적에 관한 설교에서 최고의 단계에 도달한다.

"나는 의인을 부르러 온 것이 아니요 죄인을 부르러 왔노라."

(막 2.17)

중풍병자의 치유에는 사죄의 구원이 중요한 역할을 한다. (막 2.5)
이와 같은 사실은 세리 레위의 부름으로 이어진다.
당시의 유대사회에서 세리는 사회에서 지탄받는 집단으로 취급된다.
서민의 돈을 강제로 갈취하여 로마제국에 바쳤기 때문이다.

예수님은 호숫가를 지나가다 레위가 세관에 앉아있는 것을 본다.
레위는 로마제국 관할의 갈릴리지역에 근무하는 세관원이다.

마태의 기록에 의하면 동일한 시점에
예수님의 부름을 받은 회개한 죄인은 바로 자기자신이다.

마태복음 9장에는 마태라는 이름이 두 번이나 등장한다. (마 9.9,10)
예수님은 알패오의 아들 레위를 향해 '나를 따르라'고 명령한다.
부름받은 자는 바로 일어나 바로 예수님을 따른다.
이것은 갈릴리 호수에서 취한 네 어부 제자의 행동과 같다.

레위는 예수님과 이웃사람들을 초대하여 식사하며 기쁨을 나눈다.
은혜로운 공동식탁은 마지막 날에 이루어질 축복의 향연을 예시한다.
그러나 율법학자들은 구원받은 '죄인과 세리'와 어울려
식사를 나누는 예수님의 처사를 못마땅하게 여기며 비난한다.

이와 같은 공격에 대해 예수님은 다음과 같이 응수한다. (막 2.17)
"나는 의인을 부르러 온 것이 아니요 죄인을 부르러 왔노라."
일인칭단수 대명사 '나'를 주어로 삼는 문장은 예수님의 사명이
어디에 있는가를 보여주는 증거이다. 사회에서 의인으로 자처하는

바리새인은 구원의 은총이 필요없는 영적 마비자이다.
예수님이 하나님에 의해 이 땅에 보내진 것은
의인을 찾아 축복을 베푸는 것이 아니라
죄인을 용서하고 하나님의 나라를 선사하기 위함이다.

세리 레위의 부름은 이 사실을 보여주는 범례이다.
그가 예수님을 집에 초대하여 함께 식사를 나눈 것은
죄인인 자신을 용서한 데 대한 감사의 마음때문이다.
죄인인 우리에게는 누구나 동일한 은혜가 주어질 수 있다.

마태의 부름은 소외계층을 향한 관심이라기보다
부르는 자로서의 예수님 권능에 무게가 실린다.
예수님은 첫번째 제자의 부름과 유사한 권위로 마태를 부른다.
그것은 직업과 가정의 유대를 능가하는 강한 힘을 갖는다.

이번의 경우에도 예수님의 부름은 경직된 불의의 의존보다
훨씬 더 강한 능력을 발휘한다. 하나님만이 인간의 마음과 행동을
제어하는 힘을 소유하고 있다. 마태의 소명에도 죄의 굴레를
벗어나게 하는 하나님의 권능이 중요하게 작용한다.

물론 마태는 죄인의 부름에서 사랑과 자비를 중요하게 취급한다.
이 사실은 마태의 병행이야기 종결문에서 확인된다.
여기에는 제사가 아닌 긍휼의 우위성이 지적된다.
"나는 제사가 아니라 긍휼을 원하노라." (마 9.13)

위의 발언은 의사의 필요성과 죄인의 부름을
서술하는 두 문장 사이에 놓여있다.
예수님 자신의 소명을 비유하는 의사의 모티브는

'의사로서의 하나님'에 관한 구약의 전통으로 돌아간다.

히브리어 명사 'hesed'에 해당하는 긍휼은 원래 인간을 향한
하나님의 사랑과 자비를 뜻한다. 즉 '언약의 사랑'을 지시한다.
시편에 선호되는 이 용어는 신약에서 연민과 연결된다.
남을 불쌍히 여기는 연민의 감정은 '언약의 사랑'에 연원한다.

"새 포도주는 새 부대에 넣느니라."

(막 2.22)

중풍병자 기적치유와 세리 레위와의 식사로
점화된 바리새인과의 논쟁은 그후 점차 심화된다.
우선 금식과 안식일의 준수가 문제가 된다.
오랜 유대종교의 두 율법은 이제 개선될 시점에 이른 것이다.

이것은 의식종교의 타파라는 점에서 큰 의의를 지닌다.
원래 참회와 애도의 제식인 금식은 유대사회에서 일 년에 한번
히브리력 7월 10일에 해당하는 대사죄일을 맞아 시행된다.
일부 사람들은 예수님의 제자들이 율법을 지키지 않는다고 비난한다.

예수님은 혼인잔치의 예를 들어 이를 반박한다.
즐거운 식사자리에 초대받은 하객이 주인공인

신랑을 축하하는 동안 어떻게 금식할 수 있겠는가?
그러나 '신랑을 빼앗길 날'이 오면 금식하게 될 것이다. (막 2.20)

여기에서 '빼앗기다'에 해당하는 그리스어 동사는
'죽이다' 라는 강한 의미를 지니고 있다.
예수님에 의해 선택받은 사람은 기존의
종교의식이나 잘못된 선입관에 얽매일 필요가 없다.

죄의 슬픔이 아니라 구원의 기쁨이 넘쳐나기 때문이다.
이것이 신선하고 참다운 삶의 종교이며 영원한 생명의 진리이다.
금식의 질문에 대한 예수님의 답변은 두 개의 비유를 통해 정리된다.
새로운 천의 헝겊을 헌 외투조각에 꿰멜 수는 없다.

그렇게 되면 더욱더 큰 틈새가 벌어진다.
마찬가지로 새 포도주를 낡은 부대에 넣을 수는 없다.
명사 '부대'는 음료를 담는 양가죽 자루를 말한다.
아직도 발효중인 포도주는 유연성이 있는 새 자루에 보관하여야 한다.

그렇지 않으면 약한 부분이 터져 포도주와 자루 둘 다 버리게 된다.
의미있는 비유는 고대 근동지방의 관례에 연유한다.
이 지역에는 포도주를 담글 때 양가죽 부대에 넣어 보관한다.
양가죽은 길고 부드럽기 때문에 포도주를 숙성하는 데 적합하다.

시간이 지나면서 발효되어 부풀어 오르는
포도주 부피에 유연하게 대처할 수 있기 때문이다.
예수님은 새시대에 요구되는 의식전환의 필요성을
강조하기 위해 지혜로운 옛동방의 관습을 활용한다.

새시대의 진리는 그에 맞는 틀과 그릇에서 정립되어야 한다.
과거의 낡은 틀에 새로운 진리를 맞출 수는 없다.
이것이 유명한 비유표어 '새 포도주는 새 부대에'의 참뜻이다.
"오직 새 포도주는 새 부대에 넣느니라." (2.22)

격언형식 표현은 유대의 기존율법에서 기독교 진리로의 이행을
강조한다. 이어지는 안식일논쟁의 결론도 동일한 차원에서 이해된다.
"인자는 안식일에도 주인이니라" (2.28).
안식일 법규의 제정자인 하나님의 아들은

안식일을 관리할 수 있는 높은 위치에 있다.
안식일의 선행은 예수님에게 주어진 신적 권능에 의해 정당화된다.
금식의 질문에 대한 답변으로 주어진 경구
'새 포도주는 새 부대에'는 이스라엘로부터

전세계를 변화시킬 새로운 메시아 개혁을 대언한다.
여기에는 위대한 개혁가 그리스도의 상이 투영되어 있다.
예수님의 복음사역은 낡은 속박의 틀을 벗어나

새로운 삶과 신앙을 정립하기 위한 해방의 과업이다.

"항아리에 물을 채우라."

(요 2.7)

요한은 예수님이 행한 기적을 '표적'이라는 단어로 대체한다.
추상의 의미를 내포한 용어 표적에는 상징의 의미가 들어있다.
요한복음에 제시된 일곱 표적은 상징의 범주에서 이해된다.
이들은 놀라운 사건의 발생을 넘어 중요한 의미를 지시한다.

요한복음의 첫째 표적 포도주의 기적은 강한 상징성을 구현한다.
이미 결혼식, 포도주, 항아리 등의 모티브가 상징에 연관된다.
기적이야기의 소재인 포도주의 생성은 단순한
물질의 변화를 넘어서는 영적 변화를 지시한다.

기적 전체의 의미는 이야기를 마감하는 결구의 지적처럼
그리스도 '영광의 계시'를 통한 믿음의 촉진이다. (요 2.11)
이와 같은 메시지는 요한복음의 다른 기적에도 해당된다.
가나의 첫째 기적은 앞으로 전개될 여러 표적의 모형이다.

비교적 압축된 서사이야기의 배경은 결혼식축제와 포도주이다.
포도주는 요한의 문서에서 물과 함께 갈증과 해소의 관계를 지시한다.

두 모티브는 육체와 영의 해갈을 나타내는 비유어이다.
신포도주는 십자가의 운명 장면에도 등장한다. (19.30)

결혼예식은 신약성서에서 메시아 향연에 대한 예비적 은유이다.
예수님은 혼인예식 기간에 금식할 수 없다고 지적한다. (마 2.19)
즐거운 공동축제에 포도주가 떨어진 것은 축제분위기를 해친다.
포도주 결핍의 해소는 식사 초대자를 위한 보상의 선물이다.

포도주기적은 오천명 급식기적처럼 곤궁한 자를 위한 기적이다.
물이 포도주로 변하는 것은 결혼식에 관련된 현실문제를 넘어선다.
그것은 재료의 근본적 변화를 의미하는 재창조 기적이다.
재창조는 창조의 반복이 아니라 완전히 새로운 것으로의 변화이다.

예수님은 갈릴리로 가는 도중에 근처에 있는
가나의 결혼식에 제자들과 함께 초대된다.
결혼예식의 성격에 관해서는 본문에 아무런 언급이 없다.
다만 손님들의 식사에 필요한 포도주가 부족하다는 사실만 지적된다.

여기에서 이미 표적의 발생이 암시된다.
기적이야기의 배경인 결혼예식은 표적을 위한 배경에 불과하다.
중요한 것은 꼭 필요한 포도주의 결핍과 해소이다.
이것이 포도주의 변화에 내포된 상징의 의미와 기능이다.

전해 내려온 관습에서 결혼식축제에 포도주가 떨어지는 것은
주최측에서 볼 때 초대한 손님에 대한 커다란 결례이다.
예수님의 기적은 이처럼 난처한 상황에서 일어난다.
그러나 구체적 기적행위는 극도로 절제되어 있다.

예수님의 말씀은 짤막한 두 마디에 불과하다.
"항아리에 물을 채우라." (2,7)
"연회장에게 갖다주라." (2,8)
두 단계의 명령에서 이미 물은 포도주로 변화된다.

여섯 개의 돌항아리는 예식의 청결을 위해 준비된다.
청결은 변화와 생성을 위한 원천이다.
물을 채운 돌항아리는 이미 새롭고 신선한 포도주로 가득 차 있다.
신비의 용기는 기적발생의 진원지이다.

Tyrol 지방 화가 Pacher의 유화 〈가나의 혼인잔치〉에는 (1471-79)
짙은 자주색 의복을 착용한 붉은 십자가 후광의 예수님이
질서있게 두 줄로 정렬된 여섯 개의 돌항아리를
내려다보며 오른손 손가락으로 '물을 채우라'고 지시한다.

두 명의 하인과 식사장이 항아리 속을 쳐다보며 크게 놀란다.
전면에 놓인 두 항아리의 중심에서 밝은 빛이 방사된다.
가운데 부분이 원형으로 넓게 확장된 두툼한 모양의

항아리는 새로이 만들어진 포도주의 풍요한 잉여를 지시한다.

새로운 포도주의 생성은 기적적 신비사건이다.
예수님의 한마디 명령은 주위의 모든 사람을 충격에 빠뜨린다.
여기에는 하나님 아버지의 절대권능이 동반된다.
이어지는 모든 기적 역시 동일한 원리에 의거한다.

물이 포도주로 바뀌는 것은 오천명 급식기적에
보여진 식량의 양적 확대와 달리 재료의 질적 변화이다.
예수님의 급식기적은 양과 질의 변화를 모두 가능하게 한다.
재료의 근본적 변화는 '몸의 부활'인 신체의 본질적 변화에 유추된다.

재창조 기적인 포도주의 표적은 이미 부활의 기적을 예시하고 있다.
부활의 복음은 나사로 소생이야기의 중심을 형성한다. (11.25-26)
문서의 최대표적인 부활기적은 이미 제1의 표적에 예시되어 있다.
상이한 문맥에 등장하는 일곱 표적은 서로 연계되어 있다.

새로이 만들어진 포도주는 식사감독자에 의해 최상품으로 증명된다.
예수님의 기적행위는 결혼식 주최자의 기대에 부응하는 쾌거이다.
보통 유대인의 결혼식잔치에는 '좋은 포도주'가 먼저 나온다.
가나의 혼인예식은 기존의 관례를 깨뜨린 획기적 행사이다.

이것은 앞으로 이루어질 하나님나라의 향연을 암시한다.

이야기 서두에 언급된 '예수님의 때'는(2.4) 이제 의미가 드러난다.
그 시점은 예수님의 죽음을 통한 구원의 시기이다.
종말의 시점에는 '좋은 포도주'가 제공되는 풍성한 연회가 준비된다.

"그런즉 너희는 먼저 그의 나라와 의를 구하라."

(마 6.33)

하나님의 나라는 예수님 복음선포의 중심이다.
이것은 무엇보다 산상수훈 중심에 위치한
주님의 기도를 열어주는 청원문
'나라가 임하시오며'에서 증명된다. (마 6.10)

예수님은 하나님나라의 '임함'을 제자들이
수행할 일상기도의 첫째 항목으로 강조한다.
모든 성도는 나라의 실현에 관한 염원으로 기도를 시작한다.
기독교인의 삶과 신앙은 지상적 욕구의

충족에 앞서 하나님의 나라를 지향해야 한다.
이것이 예수님이 우리에게 가르쳐준 기도의 출발점이다.
다섯절 단락을 관류하는 일곱청원의 연쇄는
최초의 청원으로 돌아가는 송영으로 끝난다.

"나라가 … 당신의 것입니다." (마 6.13).
여기에 제시된 의미있는 순환구성은 기도문에서 '당신의 나라'가
차지하는 비중을 지시한다. 초기기독교 교회 기도는
마지막에 이르러 하나님나라의 영원한 '영광과 권세'를 칭송한다.

주님의 기도에서 도입부를 형성한 '나라의 실현'은
이어지는 하늘보화에 관한 설교의 결론에서 보다 진전된다.
"그런즉 너희는 먼저 그의 나라와 의를 구하라.
그리하면 이 모든 것을 너희에게 더하시리라." (6.33)

위의 말씀은 우리 삶의 우선순위를 하나님에게 두라는
강력한 부름이다. 예수님은 우리 생각과 행동의
철저한 변화를 요구한다. 그것은 수동적 기다림이 아니라
하나님의 뜻과 길을 향해 나가는 적극적 노력이다.

하나님의 의는 단순히 선과 악을 판단하는 척도가 아니다.
성서의 언어에는 구원을 실현하는 하나님의 권능을 지시한다.
따라서 하나님의 나라와 밀접하게 연관된다.
하나님의 나라는 하나님의 의가 지배하는 곳이다.

하나님나라의 추구는 하나님의 목표와 가치를 따라 사는 것이다.
이렇게 되면 다른 모든 문제는 자연스럽게 해결된다.
사랑과 권능의 하나님이 손수 관여하기 때문이다.

'이 모든 것'의 서술동사 '더하시리라'는 저절로 주어진다는 뜻이다.

예수님은 우리가 지상의 의무를 소홀히하라고 말씀하지 않는다.
오히려 올바른 조망으로 세상을 바라보라고 가르친다.
우리는 우리 삶에서 하나님을 제1의 자리에 놓아야 한다.
나머지 일들은 그다음에 위치하는 이차적인 것이다.

마태가 우리에게 남겨준 두 행은 우리 삶을 위한 최고의 지침이다.
기독교인은 산상수훈의 정상에서 커다란 위로를 발견한다.
전능의 하나님이 우리 삶을 주관한다는 사실을 깨닫기 때문이다.
모든 것에 앞서 하나님을 추구하면 하나님은 우리의 필요를 채워준다.

열다섯 절에 걸친 방대한 설교는 종반에 이르러
보화의 축적에서 염려의 제거로 넘어간다.
두 부분으로 구성된 결구는 탁월한 요약의 결론이다. (6.34)
"내일 일을 위하여 염려하지 말라 내일 일은

내일이 염려할 것이요 한날의 괴로움은 그날로 족하니라."
명령문과 진술문으로 구성된 복합문장은 나라와 의의
추구에서 유도된 결과이다. 즉 물질적 욕구의 충족
대신에 의의 실현과 깊은 신뢰의 필요성을 강조한다.

물질에 관한 관심이나 고려가 불필요한 것은 아니다.

그러나 제자의 최대관심은 하나님 뜻의 실현에 주어져야 한다.
'그러므로'로 시작된 단락의 마지막에는
서로 연결된 두 개의 격언이 합성되어 있다.

아이러니 음조로 표현된 복합문장의 후반부는
얼른 그 의미가 들어오지 않는다.
'내일 일은 내일이 염려한다'는 것은
내일 일은 내일이 있게 한 하나님이 책임을 진다는 뜻이다.

우리가 내일을 염려할 필요가 없는 이유는
내일이 우리에게 속한 것이 아니기 때문이다.
우리가 겪은 오늘의 괴로움은 그 자체로 이미 충분하다.
경구형식의 두 행은 인간의 삶을 평안으로 인도하는 최고의 지혜이다.

"솔로몬의 모든 영광으로도 입은 것이 이꽃 하나만 같지 못하였느니라."
(마 6.29)

주님의 기도와 금식방법에 관한 지시에 이어진 마태의
하늘보화 설교의 종반에는 근심의 불필요함을 설명하기 위해
두 개의 자연비유가 도입된다. 하나는 하늘을 나는 새의
비유이고, 다른 하나는 들판에 피어있는 백합화 비유이다.

앞의 경우에는 새가 씨를 뿌리고 추수하고 곳간에
쌓아두지 않더라도 하늘에 계신 아버지가 먹을 양식을
준다고 서술된다. 뒤의 경우에는 들의 백합꽃이
솔로몬의 의복보다 더 아름답다고 강조된다.

"솔로몬의 모든 영광으로도 입은 것이
이꽃 하나만 같지 못하였느니라." (마 6.29)
솔로몬왕의 영광이 아무리 위대하다 할지라도
들판에 피어난 한송이 백합화와 비교되지 않는다.

하나님은 단순한 피조물이라도 먹을 양식과 입을 옷을 제공한다.
하물며 인간의 경우에는 더욱 많은 것을 베풀지 않겠는가!
이와 같은 착상에는 근심과 염려에 의해 지배되는
우둔한 인간의 삶의 방식에 대한 경고가 담겨있다.

한 절의 시행은 산상수훈에 나오는 가장 훌륭한 비유의 하나이다.
솔로몬왕의 화려한 예복이 작은 백합꽃에 미치지 못한다는
부정의 비유는 하나님이 창조한 자연의 아름다움이
인간의 인공적 미보다 훌륭하다는 관점에 근거한다.

귀중한 수사적 발언에는 자연을 바라보는
설교자의 뛰어난 안목이 내재해 있다.
하나님이 창조한 자연의 아름다움은

기독교 찬송가 가사에 활발하게 도입된다.

교회 내외를 막론하고 자주 불리는 우리말 찬송가
478장 〈참 아름다워라〉의 첫절이 그 증거이다.
"참 아름다워라 주님의 세계는
저 솔로몬의 옷보다 더 고운 백합화."

위의 두 행에는 주님이 창조한 세계가
솔로몬왕의 의복보다 더 아름답다고 고백된다.
찬송가의 연주에는 노래를 열어주는 도입구문
'참 아름다워라'가 특별한 음조로 불린다.

찬송가 478장 제목 '참 아름다워라'는 원래의
영어 표제문 'This is my Father's world'에 연유한다.
"이것이 나의 아버지의 세계로다"가 우리말
번역과정에서 '참 아름다워라 주님의 세계는'으로 이전된다.

뉴욕 장로교 목사 Babcock가 1901년 집필한 서정시
〈This is my Father's world〉는 1915년 목사의
절친한 친구 Sheppard에 의해 작곡된다. 그는 어린시절
어머니로부터 배운 영국민요 멜로디의 음악형식을 차용한다.

원래 4행 7연시로 작성된 텍스트는

멜로디의 가공에서 8행 3연시 형태로 축소된다.

세 절의 노래는 '나'에 의한 자연체험의 고백이다.

첫째 절에는 인간의 부족함과 자연의 풍요가 대비된다.

둘째 절은 대자연의 경험에 의한 하나님 영광을 칭송한다.

나는 바위, 나무, 하늘, 바다의 상념속에 평안하게 안식한다.

셋째 연에는 바스락거리는 풀잎에서 하나님의 음성을 듣는다.

처음의 두 연은 주님이 창조한 자연의 아름다움을 찬양한다.

그러나 마지막 셋째 연 전반은 심오한 자연성찰로 넘어간다.

"이것이 나의 아버지의 세계로다/ 오 내가 결코 잊지않게 해다오/

옳지 않은 것이 그처럼 자주 강하게 보일지라도/

하나님은 아직 통치자이다."

목사 시인 Babcock는 주님이 창조한 세계의 관찰에서

악의 현실 배후에 존재하는 하나님의 뜻을 발견한다.

이와 같은 영적 통찰은 하나님 존재에 관한 진실한 믿음에 기인한다.

하나님의 다스림은 영원히 변하지 않는 진리이다.

"좁은 문으로 들어가라."

(마 7.13)

마태복음의 산상수훈 종반에는 '기도의 신뢰'에 관한
단락에 이어 두 길의 황금율이 제시된다. (마 7.12-14)
라틴어 용어 'regula aurea'로 표기되는 황금율은
인간행위의 상호성에 근거하는 실천윤리의 기조이다.

네 절로 제한된 단락의 첫절은 대접의
상호성 원칙을 율법과 선지자로 강조한다. (마 7.12)
"남에게 대접을 받고자 하는 대로 너희도
남을 대접하라. 이것이 율법이요 선지자니라."

나와 남의 관계에 의거하는 두 문장은
부정과 긍정의 양면에서 이해된다.
부정의 측면에는 '너에게 좋지 않은 것을 다른 사람에게
하지 말라'는 의미이다. 긍정의 차원에는 구약성서의 총화로 규정된다.

명령형 문장과 설명의 진술문으로 구성된 복합문장에서
앞의 문장은 다음과 같이 정리된다.
'너는 다른 사람을 위해 네가 그에게
기대한 것과 동일한 것을 행하여야 한다.'

이어지는 절에는 두 길의 황금율, 즉 좁은 문의 경구가 주어진다.
구체적으로 두 문과 두 길의 양자택일에 관한 단호한 결정이다.
"좁은 문으로 들어가라. 멸망으로 인도하는 길은
크고 그길이 넓어 그리로 들어가는 자가 많고

생명으로 인도하는 길은 좁고 길이
협착하여 찾는 자가 적음이라." (7.13-14)
멸망의 길로 나가는 넓은 문은 길이 크고
폭이 넓어 많은 사람이 선호한다.

이에 반해 '생명의 길'로 인도하는 좁은 문은
길이 협소하여 소수의 인원만이 선택한다.
삶과 멸망 사이의 결정은 복음의 부름에 대한 응답으로 이루어진다.
복음의 부름에 응하는 사람은 생명의 통로인 좁은 문을 선택한다.

후세의 성화를 보면 두 갈래 길이 극명한 대조형식으로 묘사된다.
넓은 문으로 들어가 광활한 길로 나가면 지옥이 나오는데 반해
좁은 문을 통과하여 비좁은 언덕길을 오르면 천국에 도달한다. .
비좁고 험한 길에는 넓고 편안한 길과 달리 적은 수의 사람만 보인다.

두 절의 비유문장은 모든 사람에게 해당하는 깊은 진리를 선포한다.
특히 삶의 길의 입구에 서있는 젊은 사람에게 큰 의미를 지닌다.
주님은 스스로의 단호한 결단 이외에는 죄인을

구원으로 안내하는 다른 길이 없음을 명료하게 밝힌다.

좁은 문으로 들어가려는 사람은 인간의
생각과 판단에 관한 모든 짐을 내려놓아야 한다.
세상, 부, 명예를 추구하는 의지와 자세도 버려야 한다.
그는 자신의 죄와 가난에 관한 의식속에 문을 두드려야 한다.

그러면 굳게 닫힌 문이 그를 위해 열릴 것이다. (7.8)
죄인이 믿음속에서 좁은 문으로 들어가면 놀라운 구원이 주어진다.
주님은 모든 사람에게 '좁은 문으로 들어가라'고 외친다.
구원으로 가는 문은 곧 닫혀질 것이기 때문이다.

이와 같은 사실은 누가복음의 병행구절에 지적된다.
"좁은 문으로 들어가기를 힘쓰라. 내가 너희에게 이르노니
들어가기를 구하여도 못하는 자가 많으리라." (눅 13.24)
복합문장의 후반부는 마태의 경우와 거리가 있다.

하나님의 나라는 좁은 문이 있는 집과 같다.
모든 사람이 좁은 문으로 들어갈 수 있는 것이 아니다.
그들은 잘못된 방법으로 노력하기 때문이다.
더구나 축제가 시작되면 들어갈 문이 닫힌다.

예수 그리스도는 들어가는 문일 뿐만 아니라 통과하는 길이다.

예수님은 제자들을 향한 고별설교에서 스스로 다음과 같이 선언한다.

"내가 곧 길이요 진리요 생명이니 나로 말미암지

않고는 아버지께로 올 자가 없느니라." (요 14.6)

예수님은 "어떻게 길을 알 수 있습니까" 라는

도마의 질문에 대해 위와 같이 답변한다.

여기에서 세 단어의 나열인 길, 진리, 생명은

아람어 어법에서 '참되고 살아있는 길'로 읽을 수 있다.

예수님 이외의 어떤 다른 구원의 길은 존재하지 않는다.

예수님만이 아버지에게 가는 유일의 길이다.

의미있는 비유어 좁은 길은 바로 이 '참된 생명의 길'이다.

좁은 길은 영생의 은총으로 이어지는 축복의 통로이다.

"하나님이 세상을 이처럼 사랑하사 독생자를 주셨으니 이는 그를 믿는

자마다 멸망하지 않고 영생을 얻게 하려 하심이라."

(요 3.16)

니고데모는 기독교전통에서 성자로 추대된 인물이다.

'사람들의 승리'를 뜻하는 그의 이름은 이미 성자의 추대를 암시한다.

바리새인이이며 산헤드린 의회 의원인 높은 신분의

유대종교 지도자는 다른 동료의 눈을 피하여 야간시간에

방문한 예수님과의 진지한 대화에서 가르침을 받아
자신이 신봉하는 옛종교에서 기독교로 귀의한다.
니고데모를 향한 예수님의 말씀에는 중요한 기독교 진리가 들어있다.
사도요한은 복음서 제3장의 절반 이상을 니고데모 이야기에 할애한다.

니고데모의 신앙은 요한복음 줄거리에서 서서히 성장한다.
요한복음 7장 51절에는 그가 바리새인들 앞에서
예수님의 말씀과 행위를 방어하는 변호자로 나타난다.
문서의 종반에 속한 19장 39절에는 예수님의 시체매장에 참여한다.

요한복음 서두에 제시된 니고데모 이야기는 대화와 담화로 되어있다.
플롯의 성격은 극도로 약화된 채 상호대화의 수행에 중점이 주어진다.
이와 같은 서술방식은 의도된 이념적 구상을 전달하는 데 적합하다.
요한은 대화체 이야기를 통해 기독교복음의 원리를 개진하고 있다.

니고데모는 다른 바리새인과 달리 표적을 수행한 예수님이
하나님으로부터 보내진 사람이라고 판단하고 있다.
이미 발생한 갈릴리 혼인잔치 기적이 일으킨 커다란 반향은
전혀 다른 종교를 가진 그에게도 영향을 미친다.

그는 자신의 종교적 굴레에서 벗어나는 획기적 결단을 감행한다.
그가 어떻게 새로운 결단에 이르게 되었는지는 구체적 언급이 없다.

그러나 이후 발견되는 두 차례의 단편적 언급은
그가 이미 그리스도의 종으로 변화되었음을 보여준다.

니고데모 이야기의 중요한 주제는 영적 거듭남과
믿음으로 인한 영생의 획득의 두 가지이다.
'거듭남'의 명제는 '표적'의 인정에 대한
니고데모 인사말의 답변으로 주어진다.

"사람이 거듭나지 아니하면 하나님의 나라를 볼 수 없느니라." (3.3)
'거듭남'은 여기에서 하나님나라의 인식을 위한 전제로 설명된다.
동사 '거듭나다'의 다른 표현 '새로이 태어나다'에서
'새로이'는 그리스어에서 '위로부터'의 뜻을 지니고 있다.

즉 새로운 출생뿐만 아니라 그 영적 본질을 지시한다.
다시 말해 하나님의 성령과 능력으로 '다시 태어난다'는 뜻이다.
그러나 니고데모는 '거듭남'의 심오한 의미를 이해하지 못한다.
그리하여 영적 재탄생과 거리가 먼 육신적 사고의 반응을 보인다.

공의회의원의 무이해는 그의 종교적 사고가 지닌 한계를 보여준다.
예수님은 다시금 '물과 성령'으로 태어나야 한다고 답변한다. (3.5)
서로 연결된 3장 3절과 3장 5절은 병행구도를 형성한다.
'물과 성령'으로 태어난다는 '새로이 태어난다'의 보완적 유추이다.

방대한 대화의 핵심은 종반단락을 열어주는 두 행이다. (3.16)

"하나님이 세상을 이처럼 사랑하사 독생자를 주셨으니

이는 그를 믿는 자마다 멸망하지 않고 영생을 얻게 하려 하심이라."

위의 복합문장은 흔히 '한 문장의 복음'으로 불린다.

즉 구원의 복음에 관한 모형으로 인정된다.

앞의 문장에는 하나님의 사랑이 독생자를 보낸 사실이 지적된다.

독생자는 '로고스 찬가'에 이미 사용된 복합조어이다.

하나님은 세상인간에 대한 사랑으로 유일의 자식을 내려보낸다.

뒤의 문장에는 하나님의 희생적 사랑이

믿는 자에게 영생의 구원을 가져다준다.

영생을 서술하는 동사 '얻다'가 현재형으로 사용된 것은

믿는 자가 영생을 이미 소유하고 있음을 지시한다.

구원을 가져오는 회심의 결단은 '현재 이곳에서' 일어나야 한다.

"믿지 아니하는 자는 … 벌써 심판을 받은 것이니라." (3.18)

'현재의 종말론'으로 해석되는 종반의 대목은

니고데모의 개종에 크게 작용한 것으로 추측된다.

요한이 자신의 복음서 서두에 제시한 니고데모 사건은

신앙에 회의를 지닌 사람뿐만 아니라 믿음을 가진

모든 사람에게 해당되는 보편적 이벤트이다.

예수님을 믿는 자에게는 누구나 영생을 얻는 은혜가 주어진다.

"내가 주는 물은 그속에서 영생하도록 솟아나는 샘물이 되리라."

(요 4.14)

생명은 요한복음의 처음과 나중을 규정하는 상징어이다.
문서를 열어주는 〈로고스 찬가〉에 빛과 함께
언급된 생명(요 1.4)은 문서의 종결부에 다시 지적된다. (20.31)
"너희로 믿고 그 이름을 힘입어 생명을 얻게 하려 함이니라."

수신자의 주의를 환기시키는 문장은
복음서 기록의 목적을 명시하는 중요한 결구이다.
예수님이 메시아이며 하나님의 아들이라는
믿음을 소유한 자는 예수님의 이름에서 생명을 물려받는다.

추상의미를 포함한 생명을 중재하는 매체는 물과 샘물이다.
샘물은 사마리아 여인 이야기의 중심모티브이다. (4.9-15)
갈릴리로 가는 도상에서 일어난 사건을 다룬 에피소드는
예수님과 여인 사이의 대화가 줄거리의 기본구조를 형성한다.

방대한 이야기의 중점은 초반을 형성하는 생수의 담화이다.
일곱 절 단락에는 메시아 복음에 관한 귀중한 메시지가 담겨있다.

네 차례의 메시아 고백은 점진적으로 상승된다. (4.19, 25, 29, 42)
즉 선지자-메시아-그리스도-'세상의 구주'의 순서로 개진된다.

사건의 줄거리는 예수님과 사마리아 여인의 만남에서 시작된다.
이방여인에게 메시아 인식의 영적 깨달음을
가져온 은혜의 사건이 일어난 시간은 정오이다.
부정한 결혼생활을 영위하는 그녀는 이웃주민의

시선을 피해 햇볕이 내려쬐는 시간에 물을 길러온다.
낯선 여행객으로부터 '물을 달라'는
뜻밖의 요청을 받은 여인은 그 이유를 물어본다.
당연하게 여겨지는 반문이 '성령의 담화'를 가져오는 계기가 된다.

질문과 대답의 연속으로 전개된 상호대화의 정점은
물과 샘물에 관한 예수님의 귀중한 선언이다. (4.14)
"내가 주는 물을 마시는 자는 영원히 목마르지 아니하리니
내가 주는 물은 그속에서 영생하도록 솟아나는 샘물이 되리라."

위의 복합문장에서 우물의 물(phrear)은 '샘의 물'(pege)로 변화된다.
예수님이 선사하는 물은 갈증을 잠정적으로 진정시키는 것이 아니라
영적 기갈을 영원히 해소하는 '영생의 샘물'이다.
'영생의 샘물'은 예수 그리스도의 복음을 지시한다.

'생명의 물'은 초막절축제에 관한 거대한 장의
마지막에서 또다른 비유어 '생수의 강'으로 이어진다. (7.1-39)
새로이 표현된 2격명사는 유대인의 전통명절인
초막절 끝날에 거행된 고귀한 연설의 결론에 등장한다.

초막절 기간에는 나뭇잎과 가지로 만들어진 오두막에서 생활한다.
야외의 초막에서 거행되는 8일간의 헌신생활은
종말의 구원에 대한 기대를 나타낸다.
초막절은 물과 빛의 축제이다.

예수님은 '빛의 조명'이 주위를 밝히는
'구원의 날'에 성전뜰에 서서 큰소리로 외친다. (7.38)
"누구든지 목마르거든 내게로 와서 마시라.
나를 믿는 자는 그 배에서 생수의 강이 흘러나오리라."

새로이 사용된 문학적 비유어 '생수의 강'은
강력한 성령의 분출을 지시한다.
예수님을 믿는 자의 배에서는 '생수의 강'이 넘쳐흐른다.
성령의 활동은 깊은 내면에서부터 강물처럼 밖으로 터져나온다.

위에 인용된 귀중한 약속은 살아있는 성령의 활동이
우리의 삶에 작용하는 놀라운 능력을 지적한다.
그것은 그리스도의 성령이 우리에게 선사하고

우리를 생명으로 일깨우는 희망과 능력의 표명이다.

Frey가 작사, 작곡한 노래 〈생수의 강〉(1999)에는
성령의 능력을 갈구하는 단순한
네 행의 합창이 동일한 두 절의
6행시를 거쳐 다섯 차례의 후렴을 형성한다.

"오 주님 생수의 강을 부어주소서.
오 주님 우리 위에.
오 주님 성령의 능력을 새로이 부어주소서
오 주님 우리 위에."

 병행구조로 편성된 위의 네 행의 연주에는
기타반주에 맞추어 민첩하게 불리는 네 행의
진행에서 네차례에 걸쳐 반복되는 서두의 호칭
'오 주님'이 특별히 강한 톤으로 조음된다.

다섯 차례의 후렴 중간에 위치한 6행시의
마지막 두 행은 후렴의 문안으로 돌아간다.
"당신의 보좌에서
우리 땅으로 삶의 강물을 부어주십시오."

위의 시행에 지적된 '보좌의 삶의 강물'은

요한계시록 22장 첫절의 반영이다. (계 22.1)
"또 그가 수정같이 맑은 생명수의 강을
내게 보이니 하나님 및 어린양의 보좌로부터 나와서."

요한계시록의 세 번째 종결환상인
새로운 낙원을 서술하는 단락의 첫절에는
어린양의 희생으로 화해를 이룩한 거룩한 하나님의
생명의 힘이 상상할 수 없는 충만으로 흘러나온다.

두 번째 종결환상인 새로운 예루살렘을 기술하는 앞장
서두에는 '생수의 강'과 유사한 용어 '생명수 샘물'이 등장한다.
"내가 생명수 샘물을 목마른 자에게 값없이 주리니." (계 21.6)
영적 생명을 제공하는 '생명수'는 종말의 구원을 대언하는 은유어이다.

그것은 목마른 자에게 '값없이' 주어지는 선물이다.
일상어 부사 '값없이'는 우리가 생명수를 얻기 위해
어떤 특별한 일을 할 필요가 없다는 사실을 지시한다.
생명수 샘물은 물을 갈구하는 자에게 아무런 조건이 없이 제공된다.

요한복음 초반의 이야기에 제시된 비유어 '영생의 샘물'은
요한계시록 종결장면에서 '생명수 샘물'로 넘어간다.
유사한 두 용어 사이에는 일정한 발전이 감지된다.
샘물은 영적 갈증의 해소에서 종말의 생명의 수여로 귀결된다.

"내가 너에게 말하노니 소녀여 일어나라."

(막 5.41)

야이로 딸의 소생이야기는 혈루증 여인의

치유사역으로 도중에 중단되었다 다시 계속된다.

가버나움 회당장 야이로는 유대교회를 관리하는 상류층 인사이다.

그러나 그는 스스로를 낮추고 예수님의 발아래

엎드려 죽어가는 딸의 병을 고쳐달라고 애원한다.

그는 예수님이 아픈 몸에 손만 얹어도 병이 나으리라 믿고 있다.

안수의 도구인 손은 영의 능력을 전달하는 기관이다.

예수님은 그 믿음이 가상하여 흔쾌히 응하고 함께 길을 떠난다.

그러나 목적지에 도착하기 전에 회당장의 심부름꾼이

주인을 찾아와 그의 딸이 이미 죽었다고 전한다.

예수님은 태연하게 "두려워말라. 믿기만 하라"고 대답한다. (막 5.36)

현실상황과 동떨어진 위로의 당부에는 매우 귀중한 교훈이 들어있다.

평안과 믿음은 죽음의 공포를 이기고

새로운 영의 삶으로 들어가는 동력이다.

더할 수 없는 비보에 접한 회당장은 극도의 절망에 빠진다.

그러나 그는 기대를 버리지 않고 예수님을 집안으로 안내한다.

이미 혈루증 여인의 치유현장을 목격한 그는

예수님의 절대권능을 신뢰하는 신실한 증인이 된다.

예수님은 세 명의 제자와 함께 야이로 집으로 들어간다.

그리고 사람들이 '심하게 울며 통곡하는' 것을 보고 이를 만류한다

그들은 야이로의 딸이 이미 죽은 것으로 알고 있다.

그러나 예수님은 "그아이는 자고있다"고 조용히 말한다. (5.39)

여기에서 잠의 개념은 잠과 유사한 혼미상태는 아니다.

그것은 한편으로 죽음에 대한 미화의 표현이며

다른 한편으로 기독교의 부활소망을 반영한다.

죽음과 소생은 잠과 깨어남의 관계에 유추된다.

예수님은 주위 사람들을 모두 밖으로 내보낸 후에

소녀의 부모와 제자들만 데리고 침상으로 간다.

그리고 소녀의 손을 잡으며 짤막하게 명령한다.

"내가 너에게 말하노니 소녀여 일어나라." (5.41)

번역문 앞에는 아람어 원문 'talitha cum'이 그대로 제시된다.

명령의 합성어에서 'talitha'는 '소녀', 'cum'은 '일어나라'를 뜻한다.

저자는 본래의 원문이 주는 친밀의 정감을 살리려한다.

예수님의 조용한 명령은 사랑과 회복의 말씀이다.

'소녀여 일어나라'는 잠을 자는 소녀를 깨우는 일으킴의 부름이다.

아람어 일상어는 예수님에 의해 부활의 권능으로 이전된다.

죽음에 경지에 있던 소녀는 즉시 일어나 '걸어다닌다'.
이것은 평소처럼 생활한다는 사실을 지시한다.
마지막 발언 "먹을 것을 주라"는 완전한 소생을 확인시키는
동시에 육체와 영혼을 함께 돌보는 예수님의 자세를 보여준다.

누가는 병행기사의 마지막에서 소녀가 죽음에서 깨어난 사실을
'영이 돌아오다'라고 특별한 어법으로 표현한다. (눅 8.55).
이것은 육체를 포함한 온전한 생명의 회복을 의미한다.
누가의 지적은 소생의 의미를 깨닫게하는 의미있는 전거이다.

예수님이 죽은 자를 살린 것은 단순한 살아 일어남이 아니라
죽은 영혼에 생명과 영생을 부여하는 은혜의 기적이다.
부활한 자는 '신령한 몸으로' 살아가는 영생의 기쁨을 누린다.
이것이 예수님이 신적 권능으로 수행한 소생기적의 참된 의미이다.

"일어나 네 자리를 들고 걸어가라."

(요 5.8)

요한복음의 세 번째 표적은 안식일 명절에 예수님이
중증마비자를 순식간에 고쳐준 획기적 사건이다. (요 5.1-9)

아홉 절 이야기에 다루어진 병치유 기적에는
우리의 현실상황에 연관된 귀중한 메시지가 담겨있다.

서사이야기의 중심에 두 인물이 위치한다.
한사람은 병자이며, 다른 한사람은 예수님이다.
여기에 등장하는 병자는 38년 동안 전신이 마비된 평생장애자이다.
그를 괴롭힌 병은 치료가능성이 희박한 중증질병으로 보인다.

그러나 그는 희망을 저버리지 않고 치유의 샘에 누워있다.
그곳은 예루살렘 성전 북쪽에 위치한 베데스다(Betesda) 연못이다.
베데스다는 아람어로 '자비의 집'(bet chesda)을 뜻한다.
드넓은 홀은 마법이 작용하는 물의 힘에 의한 치유공간이다.

치유의 연못에는 가끔 물이 신비로운 방식으로 움직인다.
그럴때면 병자들이 희망에 차서 물속으로 들어간다.
천사가 내려와 휘저어놓은 물속에 몸을 담그면 불치의 질병이
낫는다는 전설이 남아있다. 때문에 적지 않은 환자들이

'다섯 행각'에 누워 '물이 소용돌이칠' 때를 기다린다.
그러나 평생 장애자에겐 치유의 기회가 좀처럼 주어지지 않는다.
제3자의 도움이 없이는 물속에 들어갈 수 없기 때문이다.
어두운 이야기는 예수님의 출현에서 전환의 국면을 맞는다.

예수님은 장애자를 보자 그에게 걸어가 말한다.
장애자가 치유되기 위해서는 단 한마디면 족하다.
"일어나 네 자리를 들고 걸어가라." (5.8)
명령동사 '일어나라'는 예수님만이 사용할 수 있는 언어이다.

누워있던 병자는 아무런 의심이 없이 주어진 명령을 이행한다.
'자리를 들고 걸어간' 것은 신체마비가 완전히 회복된 사실을
지시한다. 일어난 자는 잠자던 자리를 둘둘말아 손에 쥐고
38년 동안 거처하던 재앙과 질곡의 장소를 떠난다.

이것은 일어난 사건의 의미를 지시하는 거점이다.
예수님의 치유기적은 우리가 처해있는 상황과 거리가 있다.
그럼에도 불구하고 극적 전환으로 마감되는 에피소드는 매혹적이다.
우리는 영혼과 성령에서 유사한 것을 체험할 수 있다.

우리에게도 치유받은 병자처럼 풀리지 않는 재앙이 해결될 수 있다.
예수님이 우리를 향해 손수 찾아오기 때문이다.
예수님은 우리에게 '일어나라'고 지시한다.
우리가 '일어나면' 고정된 의식의 틀에서 벗어날 수 있다.

변화를 향한 우리 동경은 예수님에 의해 신기한 방식으로
이루어진다, 우리는 마법의 물을 필요로하지 않는다.
우리에게 필요한 것은 예수님의 현존, 그의 권능의 말씀,

그의 능력이다. 이 모든 것은 언제나 우리에게 와있다.

베데스다의 치유기적은 단순히 한사람의 장애자에게 국한되지 않는다.
그것은 유사한 재난에 처해있는 모든 인간을 향한 구원의 소식이다.
예수님의 사랑과 자비는 신체와 정신에서 평생의 짐을 짊어지고
힘겹게 살아가는 우리 장애인에게 아무런 조건이 없이 작용한다.

"그가 모든 것을 잘하였도다."

(막 7.37).

가나안 여인의 딸을 치료한 두로의 기적은
낮은 자세의 '큰 믿음'이 치유의 동인이 된다.
이로 인해 이루어진 간접적 '원거리 기적'은
마가복음에 등장하는 유일의 '원거리 기적'이다.

겸손과 비하로 자신의 딸을 구원으로 인도한 페니키아 여인은
예수님의 은혜를 입은 첫번째 이방여인이 된다.
두로의 치유기적은 인근 도시의 전도에 큰 성과를 가져온다.
누가는 해안지역에서 일어난 이교도 치유기적에 큰 의미를 부여한다.

70인 제자를 파송하는 기사에는 두로와 시돈이
전도의 성공을 거둔 도시로 특별하게 강조된다. (눅 10.14)

이것은 후세의 복음전파가 지중해를 넘어 거대한
서방지역에서 큰 결실을 맺을 것을 강하게 시사한다.

두로의 기적 이후의 예수님 여정은 경로가 다소 복잡하다.
예수님은 두로를 출발하여 시돈과 데가폴리스를
경유하여 다시 갈릴리로 돌아온다.
이것은 지중해 해안에서 호수 동남쪽 이교도지역을

거쳐 다시 호수로 돌아오는 커다란 원형코스이다.
이 대목은 마가복음 중반의 순회여행에서 큰 의미를 지닌다.
예수님이 데가폴리스 중심으로 들어서자
사람들이 귀가 멀고 말을 못하는 한 남자를 데려온다.

열 도시 데가폴리스는 치유받은 광인이 악령에서 해방된 이후
도시전역을 두루 돌아다니며 스스로 경험한 사실을 선포한 곳이다.
그 결과 데가폴리스는 이미 서기 1세기를 지나면서
초기기독교 선교의 거점으로 '선교의 전설'을 형성한다.

사람들은 예수님에게 장애자의 안수를 청원한다.
예수님은 군중으로부터 조금 떨어진 곳으로
그를 데려가 귀에 손가락을 집어넣고 침을 뱉어 허를 만진다.
치유기능을 지닌 침의 사용은 상대방의 동참을 유도하는 것이다.

이어서 하늘을 우러러보며 탄식한다.

이것은 깊은 연민과 자비의 표시이다.

연민과 자비는 저자가 특별히 선호하는 성서언어다.

그리고 마지막으로 '에바타' 라고 외친다. (막 7.34)

'활짝 열려라'를 뜻하는 아람어 명령동사

'Hefata'는 말더듬이가 비교적 쉽게 따라할 수 있는 말이다.

그순간 '귀가 열리고 혀의 매듭이 풀려' 분명하게 말을 한다. (7.35)

말을 못하는 것은 보통 귀가 들리지 않는 데서 온다.

우리의 귀가 열리면 하나님의 음성을 듣게 된다.

그러면 우리의 혀는 하나님을 칭송한다.

'말이 분명해지다'는 말더듬의 완전한 회복을,

'맺힌 것이 풀리다'는 사탄의 사슬에서 벗어남을 말한다.

귀머거리 벙어리를 위한 예수님의

치유행위는 마치 마법사의 마술과 같다.

전능의 치유자는 이교도에게 어울리는 방법으로

이중장애자를 건강하게 회복시킨 것이다.

예수님은 사람들에게 일어난 사실에 관해

누구에게도 발설하지 말도록 분부한다.

이것은 초기사역의 병치유에 주어진 침묵명령의 계승이다.

침묵의 명령은 첫째 기적인 악령퇴출 사건에 이미 주어진다. (1.24)

그러나 보다 중요한 이유는 '메시아 비밀'에서 찾을 수 있다.
하나님의 위대한 구원사역이 사탄의 방해로 차질을 빚을 수는 없다.
끈질긴 사탄의 작용은 앞으로도 계속하여 시도될 것이다.
실제로 예루살렘 율법학자들은 예수님에 의한 민중전도

성과를 악령의 괴수에 의한 것으로 모함한다. (3.22)
"또 귀신의 왕을 힘입어 귀신을 쫓아낸다 하니."
위의 구절은 메시아 신분을 밝히는 것이 시기상조임을 보여준다.
은폐된 '메시아 비밀'의 해소는 8장 종반에 가서야 처음으로 실현된다.

예수님은 하나님 아버지의 뜻을 완전히 이룩할 때까지
끊임없이 악마의 방해와 간섭에 지혜롭게 대처해야 한다.
그러나 예수님의 침묵명령이 강하면 강할 수록
놀라운 치유기적의 소문은 더 널리 퍼져나간다.

사람들은 놀라움으로 제정신을 잃는다.
커다란 충격에 빠진 군중은 이렇게 외친다.
"그가 모든 것을 잘하였도다." (7.37)
구약의 구절을 상기시키는 짤막한 고백은 단순한 탄성이

아니라 새로운 메시아 존재를 선포하는 공동합창이다.

유사한 현상이 여리고 교외에서 감행된
맹인 바디매오의 치유기적에도 일어난다.
기적이야기의 결구는 백성에 의한 하나님의 찬양이다.

"백성이 다 이를 보고 하나님을 찬양하니라." (눅 18.43)
위의 문장은 눈을 뜨게 된 바디매오가 예수님을 따르며
하나님을 찬양한 사실에 대한 백성의 반응이다.
귀머거리 벙어리와 맹인의 치유는 모두 하나님의 칭송으로 귀결된다.

**"가만 두라. 가라지를 뽑다가 곡식까지 뽑을까 염려하노라. 둘다 추수때
까지 함께 자라게 두라."**

(마 13.30)

마태복음에는 씨뿌리는 자의 비유시리즈 중간에
다른 복음서에 없는 가라지비유가 나온다(마 13.24-30).
상대적으로 독립된 비유이야기의 삽입으로
씨뿌리는 자의 연쇄비유는 더욱 높은 가치를 얻는다.

'밀알속의 가라지 비유'로 불리는 비유이야기는
일찍부터 다수의 교회교부에 의해 활발한 토론의 대상이 된다.
이와 같은 현상은 서술된 내용이 후세에 미친 강한 영향력의 반증이다.
중세초기 교회사에는 독자적 이야기의 비유의미를 둘러싸고

첨예한 역사적 논쟁이 전개된다. 알곡과 가라지는
참된 교회와 거짓교회를 지시하는 비유로 설명된다.
그러나 선행하는 기본비유를 보완하는 비유이야기의
메시지는 단순히 교회와 교인의 성격에 제한되지 않는다.

가라지의 비유이야기는 인접비유처럼 하나님나라의 상황을 지시한다.
일곱 절 이야기의 도입공식은 마태문체의 전형이다.
"천국은 좋은 씨를 제밭에 뿌린 사람과 같으니." (13.24)
간단한 비유문장에서 천국은 '자기 밭'에
좋은 씨앗을 뿌린 주인의 모습에 비교된다.
'자기 밭'은 세상을, 좋은 씨는 하나님나라의 아들을 가리킨다.
하나님나라의 아들은 종말의 시점에
천국에 들어가는 커다란 기쁨을 누린다.

여덟 절의 비유이야기 줄거리에서
핵심을 형성하는 부분은 종반의 두 구절이다.
"가만 두라. 가라지를 뽑다가 곡식까지 뽑을까 염려하노라.
둘다 추수때까지 함께 자라게 두라." (13.29-30)

위의 발언은 가라지를 뽑으려는 종들의
촉구에 대한 주인의 지혜로운 응답이다.
추수의 시점까지 가라지의 제거가 유보되는 것은
자라난 가라지의 특별한 상태에 기인한다.

그리스어 명사 'zizania'로 표기되는 식물은 기다란
선형잎사귀가 밀과 비슷하지만 열매에 독성이 들어있다.
일반적으로 독을 지닌 잡초로 설명된다.
우리말로는 볏과의 한해살이 풀인 독보리로도 불린다.

가라지의 외형은 성숙기가 되어야 유사하게 보이는 밀과 구별된다.
때문에 불필요한 가라지의 제거는 한동안 보류된다.
가라지를 뽑으려다 자칫 알곡까지 함께 뽑을 수 있기 때문이다.
이것은 알곡의 보호를 위해 반드시 지켜져야 할 수칙이다.

그러나 마지막 때에 이르면 하나님이 보낸
'추수일꾼'에 의해 정당한 심판이 집행된다. (13.30)
추수의 시점에 가라지는 불에 태우기 위해 단으로
묶여지고 알곡은 곳간에 보관하기 위해 함께 모아진다.

종말의 심판으로 마무리되는 비유이야기에는
선행비유처럼 별도의 해설이 따른다(마 13.36-43).
비유이야기의 이해에서 매우 중요한 역할을 하는 보충단락에는
종말의 묵시에 관한 초기교구의 자기이해가 반영되어 있다.

편집사에 속하는 서두의 네 절은 '작은 묵시록'이라 불린다.
세상의 끝에는 천사에 의한 심판이 '그의 나라'에서 집행된다.
천사들은 모든 불의한 자를 한데 모아 풀무불에 던지고

그들은 '울며 이를 가는' 고통을 겪는다.

'작은 묵시록'을 마감하는 종결문에는 의인의 상황이
악인과 완전히 대립되는 방식으로 서술된다. (13.43)
"그때에 의인들은 자기 아버지의 나라에서 해와 같이 빛나리라."
시적 수사법을 구사한 문장은 천국의 영화에 관한 최고의 비유상이다.

찬란하게 빛을 발하는 햇빛은 천국의 상황을 지시하는 은유매체이다.
이야기의 도입공식에 제시된 천국상황은 해설의 마지막을 각인한다.
주인이 자기 밭에 뿌린 좋은 씨, 즉 의인은 종말의 때에
'해와 같이 빛나는' 천국의 영광을 소유한다.

가라지비유는 이야기의 종결부에서 천상적 의인의
축복을 통해 천국상황을 최고단계로 승화한다.
마태복음 13장을 형성하는 다수의 천국비유(13.1-52)는
중간에 등장하는 독보적 비유이야기에서 정점에 도달한다.

"실로암 못에 가서 씻으라."

(요 9.7)

요한의 여섯째 표적에 해당하는 태생의 맹인 치유는
벳새다 소경의 치유와 유사한 면모를 보인다. (요 9.1-12)

두 경우 모두 치유과정은 단계적으로 진행된다.
점진적 개안은 내면적 영혼의 구원, 즉 믿음의 발전단계를 지시한다.

물질적 치료제의 사용과 신체의 접촉은 두 기적수행의 공통요소이다.
이것은 마술적, 미신적 행위가 아니라
치유현장에 걸맞는 서민적, 일상적 작업이다.
하나님의 권능은 개별여건과 상황에 따라 다르게 나타난다.

이야기의 서술방향은 치유의 행위와 과정에 집중되어 있다.
치유의 수행자는 '침으로 진흙을 빚어' 보지 못하는 자의 눈에 바른다.
침으로 빚은 진흙반죽은 눈병치료에 쓰이는 고약이다.
그리고나서 실로암 연못으로 가서 눈을 씻도록 지시한다.

"실로암 못에 가서 씻으라." (요 9.7)
명령을 받은 자는 실로암 연못에서 흐르는 물에
눈을 깨끗이 닦는다. 그리고 '밝은 눈'을 가지고 돌아온다.
'밝은 눈'은 영적 생명을 인식하는 '깨달음'의 기관이다.

실로암은 예루살렘 남서쪽 언덕에 있는 연못으로
지하동굴을 통해 '기혼의 샘물'과 연결되어 있다.
'표적의 샘'으로 불리는 연못은 초막절 생수를 제공한다.
이곳은 선조들의 손길이 남아있는 기쁨과 기대의 현장이다.

본문에는 ( )속에 히브리어 고유명사 실로암이
'보냄을 받았다'를 뜻한다고 표기되어 있다.
눈먼 자의 눈을 뜨게 한 것은 자연매체가 아니라
하나님의 '파송자'인 메시아의 능력이다.

방대한 후속기사에는 치유받은 맹인의 사고가 단계적으로 개진된다.
이미 처음 단계에 치유자의 신분에 관한 인식변화가 감지된다.
그러나 결정적 전환은 마지막 단계에 이르러 이루어진다.
그것은 평범한 인간이 결코 맹인의 눈을 열게 할 수 없다는 인식이다.

"이 사람이 하나님께로부터 오지
아니하였으면 아무 일도 할 수 없으리이다." (9.33)
하나님의 권능을 물려받지 않은 사람은
닫힌 눈을 열게 하는 재창조의 기적을 수행할 수 없다.

이중부정으로 표현된 진실한 고백은
세상에 태어나서 처음으로 밝은 빛을 보게 된
감동과 은혜의 주인공이 여러 단계를 거쳐
스스로 도달한 경험적 반성의 결론이다.

요한은 개안기적이 갖는 영적 각성의 요구에 주의를 환기시킨다.
이 사실은 후속단락을 마감하는 마지막 절에서 확인된다.
"너희가 맹인이 되었더라면 죄가 없으려니와

본다고 하니 너희 죄가 그대로 있느니라." (9.41)

심오한 내용의 발언에는 '보는 것'과 '보지 못하는 것'이
역의 방식으로 설명된다. '보는 자'는 영혼이 닫힌 자,
'보지 못하는 자'는 영혼의 눈이 열린 자로 도치되어 규정된다.
바리새인은 신체적으로 볼 수 있으나 영적으로 보지 못하는 자이다.

비록 두 눈이 열려있지만 내면의 영혼이 마비된 사람은
'생명의 빛'을 감지할 수 없다. 반대로 두 눈이 닫혀있다 하더라도
영혼이 살아 움직이는 사람은 하나님의 영광에 들어갈 수 있다.
이것이 난해한 파라독스의 결구가 주는 심오한 계시의미이다.

"하늘을 우러러 축사하시고"

(막 6.41).

흔히 오병이어 기적으로 불리는 오천명 급식기적은
예수님이 수행한 기적 가운데 가장 널리 알려진 사례이다.
장대한 규모의 기적은 후세의 교구에 강한 영향력을 행사한다.
이것은 대량급식 기적에 내재된 풍성한 계시의미 때문이다.

놀라운 급식기적의 메시지는 이야기 종반에 명료하게 드러난다.
마가의 문안은 일관된 구상에 따라 전개된다. (막 6.30-44).

전체의 서술방식은 저자의 서사능력을 보여준다.

문체사용에는 '역사적 현재화'에 의해 사건의 사실성이 실현된다.

오천명 급식기적에서 민중의 공동식사 장소로 지목된

'푸른 풀밭'은 양떼의 먹이가 준비된 휴식의 장소이다. (6.39)

'빈들'과 대조되는 장소의 지시는 시편 23장의 반향이다.

"그가 나를 푸른 풀밭에 누이시며." (시편 23.2)

저녁무렵의 '빈들'은 광야생활의 식량기적을 상기시킨다.

날이 어두워지자 제자들은 군중이 마을로 나가서

무엇을 사먹고 오도록 예수님에게 청한다.

그들 자신이 몹시 배고팠기 때문이다.

그러나 예수님은 "너희가 먹을 것을 주라"고 대답한다.

그리스어 원문에는 이인칭복수 대명사 '너희'가 강조되어 있다.

즉 제자들 스스로 문제를 해결하라는 것이다.

이것은 언뜻 이해하기 어려운 무리한 요구이다.

그리하여 제자들은 다음과 같이 반문한다. (6.37)

"우리가 가서 이백 데나리온의 떡을 사다 먹이리이까."

도전적 의문문에는 복수일인칭 대명사 '우리'가 주어로 사용된다.

이것은 앞에 지적된 '너희'에 대한 대응이다.

예수님은 다시금 "너희에게 떡이 몇 개나 있는지 가서 보라"고 묻는다.
제자들은 "떡 다섯 개와 물고기 두 마리가 있더이다" 라고 대답한다.
요한에 의하면 다섯 개의 빵은 보리로 만든 빵이며
두 마리 물고기는 연기에 굽거나 소금에 절인 생선이다.

놀랍게도 가난한 사람의 비상식량에 해당하는 소량의 식품이
오천명 이상의 군중을 먹일 수 있는 막대한 분량으로 확대된다.
이것은 그 누구도 생각할 수 없는 엄청난 변화이다.
대규모의 급식은 군중의 절박한 요구에 부응하는 감사의 기적이다.

마지막 부분은 제자들을 향한 예수님의 준비지시로 시작된다.
거대한 군중은 공동식탁에 참여하기 위해
'푸른 풀밭' 위에 그룹별로 나누어 자리를 잡는다. (6.39)
"그 모든 사람으로 떼를 지어 푸른 잔디 위에 앉게 하시니."

백명 혹은 오십명씩 줄을 맞추어 앉아있는 모습은
출애굽의 광야시기에 보여진 야외숙소 장면을 상기시킨다.
전원풍경에서 보면 가지런히 정돈된 정원의 화단형태이다.
다채로운 꽃색깔을 배경으로 삼는 '풀밭 위의 식사'는

구원받은 자의 공동만찬, 다시 말해 하나님나라의 향연에 대한 예취이다.
실제의 기적수행은 예수님의 주권행위에 의거한다.
하늘을 향한 시선은 식사의 감사가 기도의 성격을 지님을 지시한다.

"하늘을 우러러 축사하시고". (6.41)

자동사 '우러러보다'는 적극적 동작의 의미를 지닌다.
이어지는 동사 '축사하다'에 해당하는 그리스어 'eucharisteo'는
은혜를 뜻하는 'charis'와 기쁨을 의미하는 'chara'에서 파생된다.
즉 은혜와 기쁨이 넘치는 감사의 행위이다.

감사의 기도는 기적의 발생을 가져오는 동인이다.
급식기적의 전제를 이루는 의미있는 명제는
나사로의 기적수행에도 증명된다. (요 11.43)
'축사하다'는 최후만찬 기사에서 '축복하다'로 표기된다. (막 14.22)

숭고한 감사기도는 아버지 하나님의 권능에
절대적으로 의존하는 아들의 자세를 보여준다.
빵을 '떼어주는' 것은 성만찬 예식의 '쪼개어 나누어줌'과 통한다.
이와 같은 헌신의 분배과정에서 놀라운 현상이 일어난다.

무려 오천명에 달하는 민중이 충분히 식사를 하고 남은 것이다.
대량급식 기적의 이해에서 중요한 점은 놀라운 기적을
가져온 원동력인 감사의 축도와 사랑에 의거한 나눔의 분배이다.
하늘을 향한 감사축도는 나눔의 분배에 선행하는 전제이다.

무한한 빵의 확장은 그 어떤 과학논리로 설명되지 않는다.

오로지 예수 그리스도가 소유한 재창조능력에서 해명될 수 있다.
그 근원에는 창조주 하나님의 사랑과 권능이 자리한다.
하나님의 절대권능은 거대한 민중을 기아의 곤궁에서 해방한다.

복음서 저자들은 급식기적 사건을 구원사의 실현으로 기술한다.
이상적 식사공동체를 구현한 기적이야기는
새로운 세계를 향한 희망의 기대에 뿌리를 두고 있다.
예수님은 하나님의 나라를 숭고한 축제식사의 색채로 현실화한다.

"너도 이와 같이 하라."

(눅 10.37)

자비로운 사마리아 사람의 이야기는 예화에 속한다. (눅 10.25-37)
예화는 청중을 들은 내용에 공감하는 상황으로 유도한다.
이야기를 듣는 동안 청중은 화자의 말씀에 하나로 동화된다.
이것이 실천의 요구를 지닌 예화의 서사기능이다.

다원구조로 전개된 대화이야기는 한 율법학자가
예수님을 찾아와 영생의 길을 물어보는 데서 시작된다.
그는 예수님을 '시험하려는' 불순한 의도를 갖고 있다.
예수님은 "율법에 어떻게 쓰여있는가" 라고 반문한다. (10.26)

율법학자는 하나님의 사랑과 이웃사랑의 계명을 인용한다.
이것은 구약에 요약된 율법의 총화이다. (신 6.5, 레 19.18)
예수님은 주어진 계명을 이행하라고 지시한다.
율법의 실천을 강조한 예수님의 말씀은

율법학자를 오히려 곤혹스럽게 만든다.
그는 질문자의 우선권을 유지하기 위해
다시 '나의 이웃(plesios)'에 관해 묻는다.
여전히 상대방을 난처하게 만들려는 의도이다.

예수님은 이웃사랑에 관한 이론을 개진하는 대신에
하나의 예화를 통해 훌륭하게 대처한다.
예루살렘에서 여리고로 내려가는 비탈길은
셀롯파 강도와 거리노숙자의 습격이 잦은 곳이다.

예수님은 산속 외진 길에서 강도를 만난 행인을 대하는
세 사람의 경우를 예로 들면서 '누가 이웃인가' 라고 되묻는다.
당연히 율법을 잘 알고 있는 유대인이 사랑을 베풀어야 한다.
그러나 강도에게 습격당하여 반죽음이 된 행인은

놀랍게도 이방의 사마리아인에 의해 구조된다.
유대땅에 인접한 사마리아 지역의 주민은 혼혈족으로
예로부터 유대인에게 비웃음과 조소의 대상이 된다.

이와 같은 고정관념은 극적 이야기의 진행에서 와해된다.

예수님은 외지의 사마리아인이 동족 유대인보다
하나님의 나라에 더 가까이 있음을 지적한다.
진정한 이웃은 유대종교의 지도계층인 제사장과 레위인이 아니라
길가에 누워 거의 죽음에 처한 자를 '가서 본' 이방의 여행객이다.

그가 죽어가는 생명을 구한 장면은 전체이야기의 포인트이다.
"거기 이르러 그를 보고 불쌍히 여겨". (눅 10.33)
서술부 "거기 이르러 그를 보고"는 새로운 사건의 발생을 예고한다.
낯선 구조자는 말없는 '사랑의 부름'에 응한 것이다.

'불쌍히 여기는' 연민의 감정은 나와 남을
하나로 묶는 동인으로 모든 선행의 근원이다.
연민은 예화의 제목을 형성하는 자비와 같은 차원 위에 있다.
복음서의 기본어인 이 단어군은 영어에서 'compassion'으로 표기된다.

'compassion'은 그리스어 'sympatheia'에 해당하는
라틴어 'compassio'에서 파생한 합성명사로
'함께 아파함'을 의미한다. 진정한 봉사와 헌신은
아픔을 함께 나누는 공동의 감정이 선행될 때 이루어진다.

사마리아인은 길가에 쓰러진 자의 상처를 정성스럽게 치료한다.

뿐만 아니라 자신의 노새에 태워 주막의 숙소로 데려다준 후에
밤을 새워 돌보아준다. 다음날에는 주인에게 두 데나리온을 지불한다.
나아가 추가비용이 발생하면 책임지겠다고 후속조치까지 취한다.

자비로운 사마리아인이 보여준 치유와 돌봄의 행적은
보통사람이 할 수 없는 놀라운 기적의 수행이다.
그것은 하나님의 절대사랑에 대한 인간적 반사이다.
하나님은 긴급한 도움의 손길이 필요한 순간에 해결자로 출현한다.

상처를 치료하는 장면에는 치유자의 행위가 실감나게 표현된다.
"기름과 포도주를 상처에 붓고 싸매고." (10.34)
'기름과 포도주'는 상처의 악화를 막는 응급조처의 매체이다.
여기에서 눈길을 끄는 부분은 행동의 이중표현 '붓고 싸매고'이다.

주체의 실제행동을 직접적으로 지각하게 하는
서술부의 과잉표현은 풍성한 사랑의 언어적 실현이다.
넘쳐나는 하나님의 사랑이 화자에 의해 특별한 어법으로 표현된다.
독자는 일반 비유이야기와 다른 언어에서 사랑의 풍요를 경험한다.

이야기의 종결부는 화자 자신의 발언으로 넘어간다.
여기에 제기된 종국적 질문은 서두의 주제에 연결되어 있다.
그러나 구체적 내용은 다르게 서술된다. (10.36).
"네 생각에는 이 세 사람 중에 누가 강도 만난 자의 이웃이 되겠느냐?"

여기에서 '나의 이웃'은 '강도 만난 자의 이웃'으로 이전된다.
이웃의 성격은 사건의 문맥에서 현재의 상황으로 이전된다.
도전적 성격의 질문에는 이미 답변의 방향이 암시되어 있다.
율법교사의 대답은 자연스럽게 주어진다. "자비를 베푼 자니이다."

일반진술문 형식의 문장에는 사마리아인이라는 명칭은
등장하지 않는다. 답변자의 마음속에는 이방족에 대한
부정적 편견이 여전히 자리하고 있다.
가식적 율법교사에게 필요한 것은 지식의 습득이 아니라

내면의 변화를 가져오는 개종의 결단이다.
그러나 그의 답변에는 공동체 사랑이라는 보편적 특성이 들어있다.
타동사 '베풀다'는 단순한 행위를 넘어서는 적극적 봉사의 제공이다.
여기에서 중요한 것은 물질적 자선이 아니라 영적 돌봄의 행위이다.

이어지는 화자의 마지막 발언에는 약간의 휴지가 선행된다.
예수님은 답변자의 반응에 더 이상 논평을 가하지 않는다.
그 대신에 마지막으로 결정적 명령을 부여한다.
"너도 이와 같이 하라." (10.37)

이것은 수신자를 향한 단호한 촉구이다.
이인칭단수 대명사를 주어로 삼는 명령문은 모든 독자를 향하고 있다.
강조의 어법 '이와 같이'는 사마리아 사람과 똑같이 행동하라는 뜻이다.

즉 극심한 곤경에 빠진 사람에게 사랑과 자비를 베풀라는 지시이다.

이제 '논증적 교훈대화'가 우리에게 던지는 메시지를 정리해보자.
사마리아 사람의 행동은 예수님을 따르는 기독교인의 모형이다.
비록 감당하기 어려운 일이라 할지라도 그것이
'나를 향한' 예수님의 명령이라면 이행하도록 노력해야 한다.

"어리석은 자여 오늘밤에 네 영혼을 도로 찾으리니 그러면 내 준비한 것
이 누구의 것이 되겠느냐."

(눅 12,20)

어리석은 부자의 비유는 누가복음 12장 초반에 제시된
탐욕의 경고를 이어받는 후속단락이다. (12.16-21)
이야기문체로 시작되는 비유이야기 진술의 발단은
'무리 중 한 사람'이 자기형님에게 지시하여 유산을

나누게하여 달라고 예수님에게 요청한 데 있다.
당시에 예수님은 일반적으로 랍비로 생각되었기 때문에
예수님의 판단을 법적 근거로 삼으려한 것으로 보인다.
남자는 유산분배에서 형님에게 사기를 당한 것으로 추측된다.

그러나 예수님은 랍비가 아니므로 그와 같은 일에 개입하지 않는다.

무엇보다 탐욕을 제거하라는 강한 지시를 통해 문제를 해결하려 한다.
"삼가 모든 탐심을 물리치라. 사람의 생명이
그 소유의 넉넉한 데 있지 아니하리라." (눅 12.15)

시기와 아집에 근거하는 탐욕은 분쟁으로 이어지는 것이 보통이다.
사람들은 물질의 재화가 자신의 삶을 보증하리라고 판단한다.
그러나 소유의 잉여가 생명을 부여하지 못한다.
예수님은 한 부자농부의 예를 들어 재물의 허망함을 설명한다.

풍성한 소출을 얻은 행운의 토지소유자는
곳간을 크게 지어 곡식과 물건을 가득 쌓아놓고
"평안히 쉬고 먹고 마시며 즐기자" 라고 말한다. (12.19)
여기에서 특이한 점은 '자신의 영혼'을 향해 선언한다는 사실이다.

그러나 하나님은 그와 같은 삶의 방식을 결코 허용하지 않는다.
그리하여 부자농부를 향해 다음과 같이 경고한다(12.20).
"어리석은 자여 오늘밤에 네 영혼을 도로 찾으리니
그러면 네 준비한 것이 누구의 것이 되겠느냐."

진술문에 도전적 의문문이 따르는 복합문장은
상대방의 심금을 찌르는 예리한 발언이다.
'영혼의 즐김'을 구가한 부자의 선언은 심판자에 의해 무효가 된다.
시간부사 '오늘밤'은 부자가 지적한 '여러 해'에 대한 대립어이다.

죽음이 눈앞에 닥쳐온 긴박한 상태에서 재화의 축적은
무용지물이다. 부자는 하나님과의 올바른 관계를
형성하는 진정한 부의 획득에 실패하기 쉽다.
이 사실을 깨닫지 못한 자는 '어리석은' 바보임에 틀림없다.

중요한 것은 넘치는 지상의 소유가 아니라
하나님과의 결속에서 이루어지는 영혼의 풍요이다.
마지막 종결문에는 이 사실이 '하나님의 부유함'으로 서술된다.
과도한 지상의 소유와 영혼의 풍요는 화합될 수 없다.

"자기를 위하여 보물을 쌓아두고 하나님께
대하여 부요하지 못한 자가 이와 같으니라." (12.21)
여기에는 '자기를 위하여 보물을 쌓아두는' 것이
'하나님에 대한 부유함'의 부재로 규정된다.

영혼의 풍요는 이야기 종결부의 키워드이다.
지상재물의 잉여에 대립되는 의미있는 용어는
지혜로운 자가 추구해야 할 과제이며 목표이다.
'오늘밤'에 죽을지도 모를 우리는 '하나님의 부'를 지향해야 한다.

"누구든지 나를 따라오려거든 자기를 부인하고 자기 십자가를 지고 나를 따를 것이니라."

(막 8.34).

가이사랴의 베드로 문답과 최초의 고난예고에 이어진
다섯 절 단락은 예수 그리스도의 후계자가 되는 길을
지시한 귀중한 대목이다. (막 8.34-38)
그것은 주님의 고난과 죽음의 동참을 촉구하는 엄중한 명령이다.

　예수님이 자신의 고난예고에 거세게 항거하는
베드로의 행동에 맞서 특별한 훈시를 내린 것은
자신과 제자들의 새로운 관계형성을 위한
강한 의지의 표명이며 결단의 실행이다.

제자들을 거대한 충격으로 몰아넣은 명령의 내용은
자기자신을 과감히 버리고 예수님에게 귀의하는 십자가따름이다.
예수님의 따름은 십자가의 징표 아래 있다.
십자가의 따름은 영원한 생명으로 들어가는 구원의 길이다.

'따름'이라는 어휘는 성서에서 자주 사용되는 용어는 아니다.
그러나 복음서에서 신앙의 핵심개념으로 대두된다.
동사 '따르다'는 구약의 예언자 이야기에서 발견된다.
신약에는 제자들과 스승의 특별한 관계를 지시한다.

예수님은 베드로를 심하게 질책한 후에
제자들을 불러모아 다음과 같이 선언한다.
"누구든지 나를 따라오려거든 자기를 부인하고
자기 십자가를 지고 나를 따를 것이니라." (막 8.34)

두 번에 걸쳐 사용된 동사 '따라오다'의 그리스어 'akoloutheo'는
예수님의 부름과 부름받은 자의 철저한 이행으로 이해된다.
'따름'은 일차적으로 함께 걸어감으로
스승과의 삶의 공동체 형성을 의미한다.

즉 스승의 가르침, 명령, 지시의 주의깊은 경청을 지시한다.
부활절 이후에는 예수님의 헌신과 사랑에 대한 '모방'으로 이해된다.
후계의 개념은 따라감의 구체적 행위에서
보다 높은 '닮음', 즉 '본받음'의 차원으로 넘어간다.

라틴어 용어 'imitatio Christi'는 기독교신학에서
예수님처럼 살고 행동하려는 노력을 의미한다.
'그리스도 모방'은 기독교 윤리학과 영성의 중요한 요소이다.
의미있는 개념의 근원은 초기 기독교문서에 발견된다.

'따름'은 물리적 영역뿐만 아니라 추상의 차원에서 더욱 중요하다.
예수님을 따르는 자는 예수님을 닮으려 노력해야 한다.
예수 그리스도의 사랑, 운명, 고난과의 결속은

제자들에게 필수적 요구로 나타난다. 이것이 제자됨의 도리이다.

위의 인용문에서 예수님이 제시한 명령의 내용은 세 가지이다.
첫째 과감하게 '자기를 부인하는' 것이다.
이것은 그리스도의 생명과 뜻이 자기자신이라고 생각하는 일이다.
여기에는 죄에서 벗어나는 회개가 전제된다.

둘째 '자기 십자가를 지는' 것이다.
예수님은 여기에서 처음으로 십자가를 언급한다.
'자신의 십자가'는 그 누구에게 전가할 수 없는 희생의 죽음이다.
'십자가의 짊어짐'은 스스로 고난과 죽음을 감수하는 일이다.

셋째 예수님을 '따르는' 것이다.
이것은 그 어떤 학대와 핍박에도 불구하고
예수님의 길에서 벗어나지 않는 '함께함'이다.
'함께함'은 예수 그리스도와의 혼연일체를 말한다.

세 가지 항목 가운데 앞의 두 개는 부정과거,
마지막 하나는 현재형 시칭으로 되어있다.
다시 말해 메시아의 '따름'은 십자가를 짊어진
이후 중단없이 지속되어야 할 과업이다.

이어지는 두 절은 앞의 34절에 제시된

기본강령의 성격을 다시 설명하는 부분이다. (8.36-37)
"사람이 만일 온 천하를 얻고도
자기 목숨을 잃으면 무엇이 유익하리요.

사람이 무엇을 주고 자기 목숨과 바꾸겠느냐."
도전적 의문문 형식의 두 문장에서
나중의 문장은 앞문장의 보완적 반복이다.
앞절에는 지상적 권력의 획득이 영원한 생명의 '상실'과

비교될 수 없음이 천명된다. 여기에서 '목숨'으로 번역된
생명은 그리스어 'psyche'로 영혼을 의미한다.
다음 절은 이 사실을 생명의 '바꿈'으로 다시 서술한다.
여기에서 '바꾸다'에 해당하는 그리스어 동사 'antallagma'는

경제생활 용어이다. 내적 생명은 물질이나
돈처럼 쉽게 교환될 수 있는 성질의 것이 아니다.
하나님에 의해 주어지는 영원한 생명은
그 무엇으로 상쇄될 수 없는 절대가치이다.

예수님은 가혹한 말로 제자들의 마음을 무겁게
만들지 않게 하기 위해 자신의 나라에 관해 말한다.
고난의 시간이 인자 앞에 놓여있다 하더라도
그의 승리와 영광을 지시하는 메시아 예언은 실현될 것이다.

예수님은 십자가의 따름을 강조한 이후 다음과 같이 선포한다.
"여기 서있는 사람 중에는 죽기 전에 하나님의 나라가
권능으로 임하는 것을 볼 자들도 있느니라." (9.1)
위의 선언에서 '하나님나라의 권능의 임함'이

구체적으로 무엇을 지시하는가에 관해서는 여러 설명이 존재한다.
그 가운데 가장 설득력이 있는 것은 부활과 승천의 사건이다.
여기에는 예수님에게 권능과 영광이 주어지기 때문이다(행 1.9)
사도행전 승천기사에 지적된 구름은 하나님의 영광을 지시한다

예수님을 충실히 '따르는' 선택받은 자는 '죽기 전에'
이미 하나님의 영광을 직접 눈으로 확인할 수 있다.
이것은 고난을 계승할 제자들을 위한 최고의 축원이며,
세상의 모든 소유와 수확을 넘어서는 천상의 선물이다.

"이는 내 사랑하는 아들이니 너희는 그의 말을 들으라."
(막 9.7)

'주님의 변용'(Transfigurtio Domini)은 예수님이
산 위에서 승화의 형식으로 변화된 계시사건이다.
모든 공관복음에 다루어진 사건은 지상의 인식을 초월하는
신비의 성격으로 인해 다양한 해석이 야기된다.

전체이야기를 대언하는 용어 '변용' 역시 여러 방향으로 조명된다.
라틴어 명사 'transfigurtio'로 표기되는 변용은 다의미의 단어다.
돌발적으로 보이는 사건의 이해를 위해서는 변용의 의미분석에
집중하기보다 이야기 앞뒤의 문맥을 살펴보는 것이 도움이 된다.

마가복음에서 문서의 후반부로 들어가는 입구에 제시된 장면은
새로이 시작되는 앞으로의 줄거리를 예시하는 지표이다. (마 9.2-8)
변용사건의 종반을 장식하는 천상의 음성은 이 사실을 확인하게 한다.
빛과 구름속에 주어진 계시는 고난에 동참할 제자들을 위한 경고이다.

복합단락의 서두를 장식하는 동사 '변화하다'에 해당하는 그리스어
'metemorphothe'는 '형상'(morphe)의 변화를 뜻한다. (막 9.2).
따라서 '변형되다'로 번역하는 것이 더 정확하다.
여기에 사용된 '변형'에는 천상적 승화의 의미가 내포되어 있다.

산상의 변용은 하나님이 예수님을 통해 현실에 개입한 현현사건이다.
이와 같은 사실은 이야기의 도입부에 이미 암시된다(막 9.2).
"엿새 후에 예수께서 … 높은 산에 올라가셨더니."
시간부사 '엿새 후'는 베드로와의 문답이 있은 지 6일이 지난 시점이다.

'높은 산'은 가이사랴 빌립보에서 북동쪽으로
20km 정도 떨어진 헤르몬산으로 추측된다.
구체적 이름이 유보된 명사구 '높은 산'은

이곳이 변용사건을 위해 예비된 장소임을 지시한다.

독자를 새로운 천상의 경험으로 인도한 충격의 사건은
높은 산정의 환상적 자연경관을 배경으로 펼쳐진다.
그 시간은 일몰 후의 늦은 저녁으로 보인다.
여기에는 겟세마네 기도에서처럼 세 명의 애제자가 동반된다.

이야기를 열어주는 변용장면은 다음과 같이 서술된다(막 9.3).
"세상에 빨래하는 자가 그렇게 희게 할 수 없을 만큼 매우 희어졌더라."
위의 문장은 변용이 최고의 흰 빛깔로 지각됨을 나타낸다.
백색의 색채비유로 표현된 시각적 변용은 특별한 기적의 현상이다.

곧이어 모세와 엘리야가 예수님의 '예언자 동료'로 출현한다.
그들은 신기하게도 변화된 예수님과 더불어 대화를 나눈다.
누가복음에 의하면 여기에 다루어진 내용은
예수님의 죽음과 영광이다. (눅 9.31-32)

황홀한 환상장면을 목격한 베드로는 예수님에게 청원한다(9.5).
"우리가 초막 셋을 짓되 하나는 주를 위하여,
하나는 모세를 위하여, 하나는 엘리야를 위하여 하사이다."
초막은 초막절의 근원이 되는 유대인의 야외거처이다.

'세 채의 초막'을 짓자는 베드로의 말은 새로운 집의 건축에 의한

즐거움과 쾌적함의 감정과 거리가 있다. 일반적으로 생각하듯
이상적 '꿈의 나라'에서 행복하게 살고싶은 소원의 표명이 아니다.
한마디로 순간적 만족감에서 터져나온 즉흥적 발언이다.

"무슨 말을 할지 알지 못한다"는 저자의 코멘트는
베드로에게 주어진 무의식의 도취상태를 대언한다. (9.6)
이제 천상의 소리의 증언은 필수요소로 나타난다.
하나님 계시의 음성은 주위를 둘러싸는 '빛나는 구름'속에 들려온다.

"이는 내 사랑하는 아들이니 너희는 그의 말을 들으라." (9.7)
'내 사랑하는 아들'은 예수님 세례예식에서
세례의 수혜자에게 들려온 천상의 명칭이다. (1.11)
동일한 명칭의 사용은 하나님과의 친밀관계를 강화한다.

하늘의 소리를 마감하는 명령형 동사 '들으라'의 목적어
'그의 말'은 예수님의 말씀을 가리킨다. 그 의미는
전체문맥에서 앞단락에 주어진 인자의 예고,
즉 메시아의 고난, 죽음, 부활에 관계된다. (8.31)

문서의 중반에 세 차례나 반복된 예언의 도식은
십자가의 길을 따라야 할 제자들을 향한 귀중한 발언이다.
이야기의 주제인 변용의 개념에 내포된 영광의 승화는
'따름'의 길을 걸어가는 후계자의 헌신에서 성취된다.

신비로운 예수님의 변화는 죽음 이후에 이루어질 부활의 예표이다.

이 사실은 이어지는 후속단락에 의해 뒷받침된다. (9.9-13)

다섯 절 단락의 서두에는 인자의 부활이 중요하게 지적된다.

공관복음의 저자는 변용사건을 통해 부활의 영광을 예시하고 있다.

사도 바울에 의하면 부활은 낡은 세계에서 새로운 세계로의 변화이다.

이것은 고린도전서 부활장의 종결부에 선언된 신비이다.

"우리가 다 잠잘 것이 아니요 마지막 나팔에

순식간에 홀연히 다 변화되리니." (고전 15.51)

하나님의 나팔소리는 주님의 강림에 동반되는 징표이다. (살전 4.15)

그리스도의 재림에는 지상에 살고있는 기독교인의 몸이

죽음을 체험하지 않고 즉시 변화된다.

이미 죽은 자가 다시 일어나 새로운 몸을 얻는다.

"믿는 자에게는 능히 하지 못할 일이 없느니라."

(막 9.23)

산 위에는 영광의 변용이 시현되는 동안

산 아래에는 완전히 반대되는 장면이 벌어진다.

예수님이 산에서 내려와보니 아홉 명의 제자가

큰무리에 둘러싸인 가운데 율법학자들과 열심히 변론하고 있다.

그동안 어떤 어려운 일이 발생한 것이다.
군중은 예수님을 보자 크게 놀라며 문안을 한다.
충격의 감정이 포함된 동사 놀라다는 예수님이 예기하지 않게
매우 적절한 시점에 나타났기 때문인 것으로 보인다.

예수님이 무엇을 서로 논쟁하느냐고 묻자
군중 가운데 한 사람이 악령에 사로잡힌 아들을 데려와
제자들에게 고쳐주기를 청하였으나 실패하였다고 대답한다.
제자들은 율법학자의 공격과 비난에 스스로를 변명하기에 급급하다.

보고를 받은 예수님은 '믿음이 없는 세대여' 라고 깊이 탄식한다.
강한 부정적 발언은 현장의 인물 전체를 향한 것으로 보인다.
'믿음의 부재'는 마가가 선호하는 어법이다.
예수님은 깊은 실망 가운데에도 인내와 연민으로 대처한다.

"그를 나에게로 데려오라"고 지시하자 사람들이 아이를 데리고 온다.
악령은 예수님을 보자 아이를 마구 흔들어대어
아이가 입에 거품을 물고 땅에 쓰러진다. (막 9.20)
예수님이 아버지에게 언제부터 그렇게 되었느냐고 묻자

어릴 때부터라고 답한다. 그러면서 불쌍히 여겨 도와달라고 간청한다.
'무엇을 하실 수 있거든'은 치유자의 능력을 신뢰하지 못하는 발언이다.
예수님은 이와 같은 내면의 불신을 제거함으로써 치유의 길을 연다.

"믿는 자에게는 능히 하지 못할 일이 없느니라." (막 9.23)

강한 톤의 선언은 하나님 권능에 의거한 믿는 자의 힘을 지시한다.
즉 진정한 믿음의 무한한 가능성을 강조한다.
성도의 믿음을 고취하는 격언형식 문장은
초대교구 교인에게 중요한 신앙원리로 대두된다.

마태의 병행단락에는 상세한 비유문을 통해 보다 명료하게 표현된다.
"만일 너희에게 믿음이 겨자씨 한 알 만큼만 있어도 이 산을 명하여
여기서 저기로 옮겨지라 하면 옮겨질 것이요." (마 17.20).
마태 고유의 서법으로 서술된 두 행은 '믿음의 황금율'로 불린다.

아무리 미세한 믿음의 씨앗이라도 굳건한
기초 위에 서있다면 그 어떤 난관도 제거할 수 있다.
믿음의 실천에서 가장 중요한 것은 의혹을 제거하는 일이다.
의심은 믿음을 방해하는 원천적 요소이다.

간질병자 아버지는 예수님에 의해 의심의 사슬에서 벗어난다.
그 결과 자신과 아들을 구원에 이르게 된다.
예수님의 확답을 들은 병자의 아버지는 즉시 고백한다.
"내가 믿나이다. 나의 믿음 없는 것을 도와주소서." (막 9.24)

무기력한 아버지의 믿음은 적극적 의존과 신뢰의 행위로 이전된다.

여기에서 이제까지 이루어지지 못한 치유의 길이 열린다.
예수님은 악령이 다시 아이에게 들어가지 못하도록 내어쫓는다.
그동안 여러 차례 아이를 괴롭혀 죽음의 경지로 몰아넣었기 때문이다.

귀신이 물러간 아이는 심한 경련을 일으키며 쓰러진다.
이것은 악령의 마지막 공격에 의한 일시적 죽음이다.
많은 사람이 아이가 죽었다고 말하는 가운데
예수님이 아이의 손을 잡아 일으키자 아이는 일어난다.

간질병 소년의 치유기적은 그 취지가 다른 경우와 차이가 있다.
여기에는 믿음과 기도의 능력이 특별하게 강조된다.
이야기를 마감하는 마지막 절은 이 사실을 증거한다.
여기에서 예수님은 제자들의 물음에 대해 다음과 같이 답변한다.

"기도 외에 다른 것으로는 이러한 종류가 나갈 수 없느니라." (9.29)
'이러한 종류'란 특별한 마성의 방식이라기보다 불결한 악령
일반을 가리킨다. 악령에 의해 지배되는 간질병과 같은 질병에는
강력한 믿음에 의존하는 올바른 기도가 유일의 치유방법이다.

"누구든지 으뜸이 되려거든 나중이 되어야 한다."

(막 9.35)

마가복음 9장 34절에서 10장 45절에 이르는
제2부의 후반에는 동일한 명제가 반복하여 다루어진다.
그것은 으뜸과 나중의 역전에 관한 진리이다.
제자들을 향한 훈시의 중심을 형성하는 이 기본지침은

'지상신분의 포기'라는 예수님의 도전적 요청을 반영한다.
아래로 내려가는 '신분의 포기'는 '위로 올라가는 자의
욕망'에 대한 반대명제이다. 이 세상에는 신분이 높고
부와 권력을 소유한 사람이 대접을 받는다.

그러나 하나님의 나라에는 낮은 곳에 위치한
보잘것 없는 사람에게 보상이 주어진다.
이 귀중한 사실은 마가의 복음에서 특히 강조된다.
으뜸과 나중의 역전에 관한 담화는 윗자리를 차지하려는

제자들의 다툼이 도화선이 된다. 예수님은 가버나움 집에
도착하자 제자들에게 오는 길에 무엇에 관해 논쟁하였느냐고 묻는다.
그들은 '누가 제일 큰가'에 관해 서로 다투었기 때문이다.
자신들의 속마음을 들켜버린 제자들은 침묵으로 일관할 따름이다.

예수님은 열두 제자를 불러모아 엄숙한 자세로 다음과 같이 말한다.
"누구든지 으뜸이 되려거든 나중이 되어야 한다." (막 9.35)
강한 톤의 경구형식 문장에서 '으뜸'(princeps)은
최고의 자리, 나중은 아래의 자리를 지시한다.

여기에 강조된 처음과 나중의 역전은
절대지배의 논리에 근거한다. 모든 권한이
하나님에게 속한 곳에는 하나님에의 예속이 가장 높다.
인간의 힘이나 권력이 강할 수록 하나님의 질서에서 멀어진다.

마태는 동일한 내용을 자신의 복음서 18장
첫단락에서 보다 상세하게 기술하고 있다. (마 18. 1-14)
메시아 공동체의 규율을 교시하는 중요한 설교의 서두에 해당하는
열네 절에는 저자의 용어 '작은자'가 세 차례나 언급된다. (마 6,10,14)

그리스어 'hoi mikroi'에 해당하는 복합명사는
제자파송 연설의 결구인 10장 42절에 이미 등장한다.
여기에는 세상에 나아가 전도를 수행할 제자들을 가리킨다.
18장 첫단락에는 동일한 표현이 '어린이와 같은자',

'자기를 낮추는 자', 잃어버린 한 마리 양이라는
복합문맥에 등장한다. 이들을 멸시하고
죄로 유혹하는 것은 커다란 형벌의 대상이 된다.

이 세상에서 낮게 취급받는 아래 사람은 천국에서 주인이 된다.

누가는 '가장 작은 그가 큰 자' 라고 구체적으로 지적한다. (눅 9.48)
처음과 나중의 역전은 이후로도 계속해서 훈시의 대상이 된다.
어린아이 비유, 부자청년과의 대화, 야고보와 요한의 청원에는 각기
"작은 자와 큰 자", "먼저와 나중", "누름과 받듬"의 뒤바뀜이 강조된다.

상이한 상황에서 제시된 세 개의 대립도식은 동일한 차원에 놓여있다.
이들은 모두 '제일 큰 자'의 우위성에 맞서는 반박의 증거이다.
가장 높은 자리를 차지하려는 투쟁은 언제나 갈등과 분란을 초래한다.
이에 반해 하나님나라의 소유를 향한 노력은 평화와 기쁨을 가져온다.

"나는 양을 위하여 목숨을 버리노라."

(요 10.15)

선한 목자의 비유는 요한 비유설교의 정수이다. (요 10.11-18).
여기에는 경비원이 문을 지키는 양의 우리가 소재로 선정된다.
이와 같은 소재는 유대의 청중에게 낯설지 않은 대상이다.
하나님의 아들은 자신의 양떼를 돌보는 목자로 표현된다.

저자는 여덟 절 단락에서 목자와 양의 관계를 통해
예수님과 제자의 긴밀한 관계를 설명한다.

이 사실을 명료하게 하기 위해 여러 형태의 은유형식이 도입된다.
목자, 양, 문의 복합비유는 예수님의 정체성 해명으로 넘어간다.

선한 목자의 비유는 선행하는 '양의 문' 비유에 연결된다. (10.1-10).
특수한 은유어 '양의 문'의 이해에는 문의 개념이 중요한 역할을 한다.
옛동방의 짐승 우리에는 목동이 지키는 입구가 하나밖에 없다.
다른 통로를 통해 양의 우리로 들어가는 자는 도둑이요 강도이다.

복합단락의 종결문은 "나는 양의 문이다" 라고 선언한다. (10.10).
'양의 문'은 '목자의 문'에 연결된 생명과 구원의 문이다.
예수님은 자신을 믿는 자를 영생으로 인도하는 문으로 비유된다.
여기에서 이미 '양의 목자'에 관한 비유가 예시된다.

새로운 단락의 종반에는 예수님이 스스로를 선한 목자로 명명한다.
"나는 선한 목자라." (10.14)
선한 목자는 자기증거 은유도식에 의해 나와 동일화된다.
선한 목자는 양떼를 돌보는 약속을 실현한 충실한 목자이다.

이어지는 두 절은 비유단락의 결론이다.
"내가 내 양을 알고 양도 나를 아는 것이
아버지께서 나를 아시고 내가 아버지를 아는것 같으니
나는 양을 위하여 목숨을 버리노라." (10.15)

세 행의 중심은 마지막 문장이다.

진정한 목자는 양떼를 돌보기 위해 자신을 과감히 버린다.

이점에서 돈으로 산 양치기인 '삯꾼'과 다르다.

'기꺼이' 자신을 내어주는 것은 '다시 얻기' 위함이다.

나아가 예수님은 같은 우리에 있지 않은 다른 양들도

'내 음성을 듣고 한 무리가 될 것'을 지시한다. (10,16)

우리의 수는 많아도 양무리는 한 목자에 속한다.

수많은 양무리의 일원성은 한 명의 목자에 의거한다.

요한이 제시한 선한 목자의 상은 시편 23편을 연상시킨다.

잘 알려진 6행시에서 다윗왕은 유대민족에 전승된

목자와 양을 개인의 차원으로 이전한다. (시 23,1)

"여호와는 나의 목자시니 내가 부족함이 없으리로다."

'나의 목자'는 시인 자신이 직접 체험한 하나님의 모습이다.

시 전체의 주제는 방황하는 양을 목적지로 인도하는 선한 목자에

대한 감사의 칭송이다. 다윗이 찬양한 '주님'(adonai)으로서의

목자는 요한에 의해 새로운 메시아로 의미있게 이전된다.

자주 인용되는 요한의 성서구절 "나는 선한 목자이다"는

후세의 작곡가에게 창작의 영감을 부여한다.

Bach가 부활절 이후의 둘째 주일 Leipzig에서 작곡한

교회칸타타 〈나는 선한 목자이다〉가 대표적 사례이다.

'Bach작품 색인' 85(BWV 85)로 표기된 칸타타는
1725년 4월 15일 최초의 공연이 이루어진다.
여섯 악장으로 구성된 칸타타는 베이스 솔로의 아리아
"나는 선한 목자이다"에서 출발하여

제2아리아 "예수님은 선한 목자이다"와
제3합창 "주님은 나의 충실한 목자이다"를 거쳐
종결합창 "하나님은 나의 보호이며 충실한 목자이다"로 마감된다.
목자의 모티브는 예수 그리스도에서 하나님으로 이전된다.

"나사로야 나오라."

(요 11.43)

나사로의 소생은 예수님의 표적 가운데 가장 장대한 사례이다.
요한이 기술한 일곱 표적 중에서 마지막 단계에 속하는 소생기적은
놀라운 소생의 발생을 거쳐 믿음의 고취로 귀결된다. 예수님의 행적을
목격한 많은 사람들이 믿음의 세계로 들어간다. (요11.45).

방대한 분량에 달하는 이야기의 도입부에는 질병의 의미와
목적이 죽음이 아니라 하나님아들의 영광을

드러내기 위한 것이라는 사실이 지적된다. (요 11.4)
"이 병은 죽을 병이 아니라 하나님의 영광을 위함이요

하나님의 아들이 이로 말미암아 영광을 받게 하려 함이라."
위의 두 행은 나사로의 질병과 소생을 이해하는 지표이다.
병이 든 나사로의 소생으로 예수님은 하나님에 의해 영화롭게 된다.
'영광의 시현'(doxazein)은 하나님에게서 하나님의 아들로 전이된다.

요한은 예수님의 사랑하는 동료 나사로가 무덤에서
살아난 역사적 사건을 한 폭의 장엄한 서사시로 기술한다.
이를 위해 체계적 구성력과 문학적 서사기법이 활용된다.
나사로의 소생이야기는 소생사건의 탁월한 문학적 형상화이다.

전체이야기의 중심은 베다니 마을 입구의
올리브산 중턱에서 수행된 예수님 자신의 부활선언이다.
"나는 부활이요 생명이니 나를 믿는 자는 죽어도 살겠고
무릇 살아서 나를 믿는 자는 영원히 죽지 아니하리니." (11.25-26)

복합시행의 첫행에서 부활은 자기증거에 의해 생명과 결합된다.
부활은 미래에 일어날 종말의 사건이 아니라
예수님 앞에서 이루어지는 현재의 사실이다.
'부활의 현존'은 소생기적을 새로운 차원으로 올려놓는다.

둘째 행은 선행하는 시행에 대한 강조의 보완이다.
"죽어도 살고, 살아서 죽지 아니한다"는 이중어법은
죽음과 삶의 역동적 역전을 지시하는 수사적 어법이다.
한마디로 완전무결한 영생의 표현이다.

45절에 걸친 방대한 서사이야기는 특유의 서술구조를 지닌다.
전체의 틀거리는 역의 방향으로 구성된다.
실제의 기적수행에 앞서 부활의 의미와 복음이 선포된다.
소생기적은 앞에 제시된 부활복음의 현실적 구현이다.

나사로의 소생기적은 마지막 단락에 다루어진다. (11.38-44)
예수님은 무덤으로 가서 돌을 옮겨놓으라고 지시한다.
그리고 눈을 들어 우러러보며 감사기도를 드린다.
이 기도에는 백성을 위한 믿음의 간구가 중요한 위치를 차지한다.

실제의 기적수행은 매우 절제된 방식으로 진행된다.
예수님은 기도를 마친 후에 큰 소리로 외친다.
"나사로야 나오라." (11.43)
상대방 이름을 직접 호명한 것은 이미 기적이 실현되었음을 지시한다.

생생한 음성에 접한 죽은 자는 살아 일어나서 무덤 밖으로 걸어나온다.
여기에서 주목할 점은 '부름'의 의미와 기능이다.
나사로는 예수님의 호출에 의해 직접 생명을 얻는다.

생명회복의 기적은 단순하지만 결정적으로 발생한다.

다시 살아난 자는 매장될 당시의 모습 그대로
온몸에 베를 감고 머리에 수건을 쓰고 있다.
두 사물은 신체를 묶어주고 둘러싸는 매장의 도구이다.
온몸을 감은 베의 옷은 시체에 입히는 수의를 가리킨다.

기적의 기사를 마감하는 종결문은 제어된 음조를 보여준다.
나사로는 수족이 묶인 채 밖으로 나오지만 아무 말도 하지 않는다.
자신의 소생을 표현할 수 있는 그 어떤 말도 충분하지 않다.
죽음에서 살아난 자의 침묵은 소생기적의 위대한 신비를 나타낸다.

기독교의 종말해석은 기적이야기와 예수님의
죽음과 부활의 연계를 중요한 열쇠로 삼는다.
나사로의 소생은 영광의 부활에 대한 예비적 반사이다.
이야기의 도입부에 제시된 하나님아들의 영광은 여기에 연결된다.

소생의 행동을 지시하는 '밖으로 나옴'은 '살아 일어남'의 예증이다.
여러 단계의 방황과정을 거쳐 이루어진 나사로의 소생은
극심한 고난행로와 죽음 이후 완성될 예수님의 부활에 비견된다.
여기에 나사로 소생기적이 갖는 상징의미가 있다.

나사로의 소생기적은 주변세계에 거대한 반향을 일으킨다.

이것은 무엇보다 소생사건에서 얻어지는 영생의 부활 때문이다.
이어지는 예루살렘 입성 장면에서 길가의 군중이 외친
환호의 함성은 잊을 수 없는 나사로 소생의 강한 파장이다.

"오늘 구원이 이 집에 이르렀으니 이 사람도 아브라함의 자손이로다."
(눅 19.9)

삭개오는 여리고의 유대 세관장이다.
히브리어에 유래하는 이름 삭개오는
동사문장의 약형으로 '하나님이 기억하셨다'를 뜻한다.
고대 그리스어 어원설명에 의하면 '순수한', '죄없는'을 의미한다.

이와 같은 이름의 의미는 삭개오의 구원을 예시한다.
부자 삭개오의 구원은 예수님이 여리고를 떠나
예루살렘을 향해 나가는 길목에서 일어난다.
즉 앞으로의 예루살렘 행적을 위한 예비적 징표이다.

열 절에 걸친 이야기는 삭개오의 기이한 행동으로 시작된다.
그는 자신이 근무하는 도시를 지나가는
예수님을 직접 보고 싶은 열망에 사로잡혀 있다.
'세리와 죄인의 친구'로 알려진 예수님은

그가 꼭 한번 만나고 싶은 특별한 인물이다.
이와 같은 소망이 적극적 행동으로 나타난다.
그는 예수님이 어떤 사람인지 알아보기 위해
돌무화과 나무(뽕나무) 위로 올라간다.

키가 작아 많은 사람의 뒤에서 앞을 볼 수 없기 때문이다.
유대세관장 복장을 착용한 그가 나무 위로 기어 올라간 것은
다른 사람들이 보기에 우스꽝스러운 행동이다.
그러나 그에게는 타인의 시선이 문제가 되지 않는다.

그만큼 예수님을 직접 보고 싶은 열망이 강하다.
예수님은 나뭇가지에 매달려 있는 삭개오를 쳐다보며
다음과 같이 말한다(눅 19.5). "내가 오늘 네 집에 유하리라".
이것은 삭개오의 기대를 뛰어넘는 놀라운 발언이다.

예수님은 이미 삭개오의 내면의 욕구가 무엇인지 간파하고 있다.
하나님의 현존이 예수님 안에 자리하기 때문이다.
자동사 '유숙하다'에는 필연의 의미가 들어있다.
다시 말해 발언자의 강한 의지가 나타나 있다.

관심과 호의로 가득 찬 한마디 말걸기는
삭개오의 마음을 깊은 곳에서 움직인다.
그는 나무에서 급히 내려와 "즐거워하며 예수님을 영접한다". (19.6)

'즐거워하는' 마음은 구원을 가져오는 원동력이다.

'점잖은' 사람들의 무리가 예수님이 부정한 횡령을
자행한 자의 집에 머무는 것에 대한 불만을 표시한다.
이것은 '회개한 죄인'과 식사를 나누는 예수님을
비난하는 바리새인의 태도와 동일하다. (5.30)

팽팽하게 긴장된 상황은 다음 장면에서
완전히 새로운 국면으로 전환된다.
삭개오는 이웃사람들이 지켜보는 가운데 예수님 앞으로
나아가 담대하게 위대한 양심선언을 감행한다. (19.8)

"내 소유의 절반을 가난한 자에게 주겠사오며 만일
누구의 것을 속여 빼앗은 일이 있으면 네 갑절이나 갚겠나이다."
루터 성서본에는 삭개오의 고백 이전에
'주님'을 부르는 강조의 문구가 선행한다.

단계적으로 전개된 복합문장에는 두 가지 사실이 들어있다.
첫째, 자신이 가진 재물의 절반을 가난한 자에게 나누어준다.
둘째, 타인으로부터 부당하게 취득한 금전은 네 배로 갚아준다.
언뜻 과도하게 보이는 약속에는 통렬한 참회의 심정이 배여있다.

부자세리 삭개오는 자신의 모든 것을 내어주는

절대의 속죄를 통해 구원받은 자의 반열에 오른다.
삭개오의 양심선언은 보통사람으로 생각할 수 없는 획기적 결단이다.
영생을 향한 소망으로 예수님을 찾아온 부자청년은 모든 계명을

성실하게 지켰음에도 불구하고 자신의 소유를 가난한 자에게
나누어준 후에 예수님을 따르라는 명령을 이행할 수 없어
'하늘의 보화'를 얻지 못한 채 '비참한 마음으로' 떠나간다.
그는 너무나도 많은 재물을 소유하고 있었기 때문이다. (막 10.22)

삭개오는 실패한 부자청년과 달리 구원의 축복을 받는
최고의 은혜를 입는다. 그의 놀라운 회개선언은
곧이어 최고의 축원으로 이어진다. (눅 19.9)
"오늘 구원이 이 집에 이르렀으니 이 사람도 아브라함의 자손이로다."

이야기의 줄거리를 마감하는 종결선언은 전체줄거리의 정점이다.
총체적 회개에 의한 구원의 은총은 바로 '오늘' 주어진다.
구원의 대상으로 표현된 '이집'은 가족공동체를 지시한다.
즉 한 개인의 구원이 아니라 가족 전체의 구원을 강조한다.

위에 인용된 문장의 후반에 지적된 명사구 호칭
'아브라함의 자손'은 하나님의 축복을 받은
믿음의 조상 아브라함처럼 기쁜 복음의 소리가
특별하게 호명된 자에게 들려졌음을 의미한다.

이제까지 누려온 세상의 부귀영화를 단숨에 뿌리치고
예수님 앞에 서서 과감하게 회심의 결단을 선언한
죄인 삭개오에게 영원한 하나님나라의 보화가
주어지는 더할 수 없이 귀중한 축복이 베풀어진다.

"다윗의 자손 예수여 나를 불쌍히 여기소서".

(막 10.47)

맹인 바디매오의 개안은 마가가 제시한 치유기적의 종착역이다.
맹인이 눈을 뜨는 종국적 사건으로 거대한 기적의 원은 마감된다.
의미있는 시력회복 기적은 앞으로 전개될 복음전파의 예표이다.
고난의 시기에 수행될 복음사역은 영의 눈을 뜨게하는 빛의 사건이다.

드라마틱한 개안기적 과정은 단계적으로 진행된다.
바디매오의 외침으로 시작된 이야기는 예수님의
반응과 물음, 그리고 구원의 선언으로 막이 내린다.
전체이야기의 골격은 청원자의 호소와 치유자의 대응이다.

복합적 이름 바디매오는 '존경받는 자의 아들' 이라는 뜻이다
그의 부친 디매오는 사람들로부터 존경받는 인물이다.
이렇게 볼 때 바디매오는 순수한 걸인은 아니다.
다만 앞이 보이지 않는 그는 가난하고 고된 삶을 이어간다.

마가가 다른 두 저자와 달리 특별히 청원자의 이름을 거명한 것은
그가 자신의 교구에 잘 알려진 인물이기 때문인 것으로 추측된다.
그리스어 이름에 아람어로 '아들'을 뜻하는 명사
'바'(br)를 붙인 것은 토속적 분위기를 자아낸다.

유월절축제가 시작되기 일주일 전에는 예루살렘으로
가는 도상에 위치한 여리고에 수많은 사람들이 몰려든다.
여리고 교외의 길가에 앉아있던 바디매오는 사람들로부터
특별한 소식을 듣는다. 나사렛 예수가 근처를 지나간다는 사실이다.

그는 그리스도에 관해 무엇인가 알고 있었던 것으로 보인다.
많은 사람에게 구걸하는 대신에 예수님에 의해
닫힌 눈이 열려 보기를 원하였기 때문이다.
그에게는 이것이 처음이자 마지막 기회이다.

바디매오는 예수님 일행이 가까이 다가오자 큰 소리로 외친다.
"다윗의 자손 예수여 나를 불쌍히 여기소서." (막 10.47)
바디매오가 일반군중과 달리 예수님을 '다윗의 자손'
(hyrios David)으로 부른 것은 주목할 만한 일이다.

'다윗의 자손'은 다윗의 가문에 속하는 메시아를 인정하는 명칭이다.
바디매오는 예수님이 지금 이곳에서 자신을 도와주리라 기대하고 있다.
그는 주님이 자기에게 자비를 베풀어줄 것을 믿고 있다.

그리하여 "나를 불쌍히 여기소서" 라고 호소한다.

1회동작을 지시하는 청원 "나를 불쌍히 여기소서"는
갈급하고 급박한 탄원을 나타내는 격정적 감정의 표명이다.
큰소리로 외치는 청원자의 행동은 보통사람의 귀에 거슬린다.
당시의 사회에서 거지맹인에게 그와 같은 자격과 권한은 없다.

예수님과 함께 걸어가던 일행의 일부가 조용하라고 꾸짖는다.
이와 같은 제자들의 행동에는 잘못된 동반자의 자세가 나타나있다.
그러나 바디매오는 여러 사람의 비난에
아랑곳하지 않고 동일한 외침을 되풀이한다.

그의 절박한 요청이 군중의 소요속에 사라져서는 안된다.
예수님은 그 자리에 서서 "그를 부르라"라고 지시한다.
이야기의 전환을 가져오는 의미있는 발언은
직접화법 현재형을 사용해 사실성과 영속성을 강화한다.

예루살렘을 향한 예수님의 발걸음은 순간적으로 정지된다.
사랑과 연민의 심정으로 가득 찬 그의 가슴은
무기력한 자의 부르짖음을 외면하지 않는다.
그때서야 사람들은 호소자를 향해 "안심하고 일어나라"고 말한다.

부름받은 자는 지체없이 긴 겉옷을 벗어 던지고 달려온다.

소경의 겉옷(himation)은 받은 동전이나 구제금을 보관하는 기구이다.
동시에 추운 날씨에 체온을 보호하는 유일의 소유물이다.
이처럼 소중한 물건을 내버리는 것은 새로운 삶의 출발을 지시한다.

예수님이 바디매오에게 '무엇을 원하느냐'고 묻자
"선생님이여 보기를 원하나이다" 라고 솔직하게 대답한다. (10.51)
여기에 사용된 호칭 '선생님'은 랍비의
강한 표현으로 마가복음에 이곳에만 등장한다.

예수님은 "네 믿음이 너를 구원하였느니라" 라고 선언한다. (10.52)
믿음은 외적 치유뿐만 아니라 내면적 치유의 전제이다.
이것은 개연성이 있는 암시가 아니라 하나님에 대한 신뢰의 표명이다.
동일한 문장도식이 누가의 치유기적에도 거듭하여 사용된다.

바디매오의 개안기적은 청원자의 진실한 믿음과
치유자의 단호한 의지가 합쳐 이루어낸 공동작품이다.
시각장애인 바디매오가 극적으로 눈을 뜬 것은
단순한 시력회복을 넘어서는 영의 개안이다.

예수님의 구원선언에 이어 치유받은 자의 반응이 제시된다.
"그가 곧 보게 되어 예수를 길에서 따르니라." (10.52)
따름의 행위는 '봄'의 연속이며 결과이다.
과거부정형으로 사용된 동사 '보다'는 시력회복의 완전성을 지시한다.

즉 단순한 눈의 열림을 넘어서는 영적 개안을 의미한다.
내면의 영안이 열린 치유의 수혜자 바디매오는
확고한 시력회복의 체험자로 예수님의 길을 따른다.
예수님의 길을 따름은 바디매오 치유기적의 결산이다.

"호산나 찬송하리로다 주의 이름으로 오시는 이여."

(막 11.9)

고난사의 최후주간은 '성스러운 주간' 혹은 '좋은 주간'으로 불린다.
'성스러운 주간'의 제1일은 예루살렘 입성의 날이다.
종려주일로 불리는 날의 행사는 예루살렘 행적의 전주곡이다.
순례행렬이 뒤따르는 특이한 입성장면은 부활의 영광을 예시한다.

어린 나귀의 행군과 민중의 호산나 합창은 메시아 승리를 나타낸다.
이스라엘 민족에게 약속된 메시아의 출현과 구원을 알리는 사건이다.
예수님 일행은 여리고를 지나 예루살렘을 향해 내려가다
올리브산 중턱의 베트파게와 베다니에 이른다.

올리브산은 유대인이 메시아의 출현을 기대하는 의미있는 장소이다.
함께 명명된 두 지역은 '어머니도시' 예루살렘의 외곽에 위치하고 있다.
가난한 변두리 마을에는 유월절 순례행사에 모여드는
수많은 방문객의 숙박을 해결하기 위한 텐트촌이 마련된다.

예수님은 '맞은편 마을'에 제자 두 사람을 보내어 '아직 타보지 않은
나귀새끼'를 풀어 어미나귀와 함께 끌고 오도록 지시한다.
'아직 타보지 않은 나귀새끼'는 하나님에게 봉헌될 짐승이다.
이 대목은 스가랴 9장에 기록된 예언의 실현이다.

"보라 네 왕이 네게 임하시나니 그는 공의로우시며
구원을 베푸시며 겸손하여서 나귀를 타시나니
나귀의 작은 것, 곧 나귀새끼니라." (슥 9.9)
나귀새끼는 평화와 봉사의 상징이다. 여기에는

십자가에서 가장 낮고 비참한 죽음을 감수할
구세주의 완전한 성품이 내재해있다.
제자들은 나귀의 등에 옷을 걸고 사람들은
길바닥에 겉옷을 깔고 나뭇잎을 늘어놓는다.

이 모든 행위는 평화의 왕에 대한 존경과 순종의 표시이다.
요한복음에 의하면 그들은 종려나무 가지를 손에 들고 있다.
여리고 지방에서 자라는 종려나무는 이스라엘 민족의
광야생활 40년을 기억하게 하는 식물로 해방과 승리의 상징이다.

나약한 나귀새끼 등에 앉아 큰 성을 향해 들어오는
예수님의 모습은 감추어진 메시아 존재를 반영한다.
한편으로는 아래로 낮아지는 겸손과 비하를,

다른 한편으로는 위를 향해 올라가는 고양과 상승을 나타낸다.

이와 같은 이중양상은 십자가의 죽음과 부활을 시사한다.
예수님의 입성은 로마제국의 철권통치에 맞서는 평화의 시위이다.
예루살렘 입성의 서술은 구약에 예언된 구세주를 맞이하는
민중의 열광적 환호로 끝난다. (막 11.9-10)

"호산나 찬송하리로다 주의 이름으로 오시는 이여
찬송하리로다 오는 우리 조상 다윗의 나라여
가장 높은 곳에 호산나."
세 행의 구성은 균형과 대칭의 조화를 이루고 있다.

감탄어 호산나가 전체를 둘러싸고 있으며
그 사이에 '찬송하리로다'로 시작되는 두 개의 시구가 놓여있다.
이들은 '주의 이름으로' 오실 메시아와
그에 의해 해방될 이스라엘 나라를 칭송한다.

호산나 합창은 시편 118편에 나오는 두 행의 적절한 배합이다.
"이제 구원하소서 … 이제 형통하게 하소서
여호와의 이름으로 오는 자가 복이 있음이여." (시 118.25-26)
두 행을 열어주는 짧막한 청원문 "이제 구원하소서"가 바로 호산나이다.

히브리어 'hosiah na'에 유래하는 그리스어 복합명사

'hosianna'는 '구해주소서', '도와주소서'를 뜻한다.
유대인들은 초막절 마지막 날인
'구원의 날'에 호산나 기원문을 낭송한다.

관례적 예식행사가 이제 새로운 메시아의 환영사로 나타난다.
간절한 구원의 갈구는 새로운 왕국에 대한 기대와 희망의 표시이다.
구원과 찬양의 호산나 시행은 '드높은' 하나님영광의 칭송으로 끝난다.
둘째 행에는 '우리 조상 다윗의 나라'가 힘차게 호명된다.

당시의 유대민중이 고대한 '다윗의 왕국'은 예수님에 의해 전파된
하나님의 나라와는 거리가 있다. 하나님에 의해 통치되는 나라는
세상의 권력에 지배되는 나라와 다르다.
요한복음에는 이 사실이 분명하게 지적된다. (요 18.36)

성도의 입구에서 '다윗의 나라'를 힘차게 외치는 소박한 민중은
지상의 권세로 다스리는 막강한 왕국을 기대하는 정치집단은 아니다.
그들은 바디매오의 개안기적과 나사로의 소생을 경험한 중인이다.
여리고와 베다니로부터 예수님을 따라온 순례자들이다.

그들은 가장 낮은 모습으로 거대한 성전을 향해 들어오는
주인공이 바로 자신들을 구원할 대망의 구세주임을 알고 있다.
이와 같은 사실은 마태의 성전청결 기사에서 증명된다.
이 자리에서 병고침을 받은 어린아이들은

"호산나 다윗의 자손이여" 라고 외친다. (마 21.15).

예수님에 의해 '온전한 찬미'로 칭찬받은 성전뜰의 환호는

새로운 '복음의 노래'이다. 예루살렘 입성에 불려진

환영과 기대의 합창은 이제 감사와 은혜의 찬양으로 나타난다.

1795년 작곡된 독일 작곡가 Vogler의

〈호산나 다윗의 자손이여〉는

혼성합창과 교회오르간을 위한 대강절 노래이다.

원래 스웨덴어로 작성된 시는 영어와 독일어로 번역된다.

네 절로 구성된 가사에는 각절의 후반을

장식하는 두 행이 네 차례 후렴을 형성한다.

"주님의 이름으로 오시는

다윗의 자손이여 축복받을지어다."

동일시행 "가장 높은 곳에 호산나/

호산나 호산나"가 후반부 3, 4절의 전반을 구성한다.

Vogler 노래의 가사는 성서본문을 충실하게 반영하고 있다.

두 행으로 서술된 환호의 외침은 그 자체로 훌륭한 합창이다.

"그때에 인자가 구름을 타고 큰 권능과 영광으로 오는 것을 사람들이 보리라."

(막 13.26)

올리브산의 묵시설교는 복음서에 나오는 설교의 정수이다.

예수님이 올리브산에서 제자들에게 수행한 종말시기의 연설이다.

방대한 산상연설은 세 명의 복음서 저자에 의해 공통으로 다루어진다.

독자는 고난사가 종착역에 이르기 전에 종말의 구원을 미리 체험한다.

귀중한 묵시설교는 예수님의 성전파괴 발언이 도화선이 된다.

화요일 저녁 예수님 일행은 논쟁을 거듭한 성전을 나와

예수님 숙소인 베다니로 향한다. 제자 가운데 한 사람이

도중에 예루살렘 대성전의 위용을 보고 찬탄을 금하지 못한다.

예수님은 뜻밖에도 성전건물이 '하나의 돌도 남지 않고'

완전히 무너지리라고 응답한다. (막 13.2)

그후 예수님 일행은 근처의 올리브산에 오른다.

드높은 산정에는 장대한 성전의 모습이 한눈에 들어온다.

네 명의 제자가 먼곳의 조망을 내려다보며

조심스럽게 성전파괴의 시점과 징조를 물어본다.

제자들의 질문에 대한 답변으로 시작된

기다란 담화는 복음적 묵시의 금자탑이 된다.

초기기독교는 올리브산의 묵시설교를 복음의 전통에서 이해한다.
여기에는 전승된 묵시의 재구성을 통해 복음의 구원이 천명된다.
그것은 앞으로 전개될 고난의 노정에 대처할 수 있는 최후의 보루이다.
마가는 13장 전체를 '공관복음 묵시록'에 바치고 있다.

다원적으로 구성된 담화의 내용은 다섯 부분으로 나누어진다.
첫째 단락은 성전파멸의 예고, 둘째 단락은 곤궁의 시초,
셋째 단락은 곤궁의 정점, 넷째 단락은 인자의 오심,
다섯째 단락은 종말의 경고이다.

33절에 달하는 방대한 연설은 주로 2인칭복수를
주어로 삼는 명령형 문장형식을 사용하고 있다.
자연의 재앙과 재림을 기술하는 중간부만이 일반진술문이다.
거듭해서 등장하는 서두의 명령형동사 '주의하라'는

발언된 내용의 현재화를 통해 의식의 각성을 촉구한다.
이로 인해 상대방 '너희'를 향한 화자의 요청이 강화된다.
'주의하라'는 마지막 종결부에서 '깨어있으라'로 넘어간다.
두 명령은 종말의 위협을 극복하고 재림을 준비하는 기본자세이다.

다원적으로 구성된 묵시설교의 정상을 형성하는
부분은 넷째 단락에 해당하는 재림의 예언이다.
네 절의 단락에서 처음의 두 절은 천체기관인 해, 달, 별의

파멸을 통한 우주적 자연재앙을 기괴의 방식으로 서술한다.

여기에 제시된 자연재앙은 요한계시록의 여섯째 봉인

개방에서 극단의 형태로 나타난다. (계 6.12-14)

그러나 총체적 멸망은 동시에 새로운 하나님나라의 출현을 지시한다.

종말과 구원의 동시성은 이미 구약의 묵시사상에 나타나있다.

이어지는 두 절에는 하나님나라를 성취할 예수님의 재림이 선언된다.

"그때에 인자가 구름을 타고 큰 권능과

영광으로 오는 것을 사람들이 보리라." (막 13.26)

미래시칭의 예언은 성서에 나오는 재림에 관한 최고의 발언이다.

고대 그리스어 명사 'parousia'에 연원하는 재림은 마지막

종말의 시점에 영광의 그리스도가 '다시 오는' 사건을 말한다.

즉 그리스도의 '두번째 오심'을 의미한다.

복합명사 'parousia'는 원래 도착, 출현, 방문을 뜻한다.

복음가 가운데에는 마태만이 자신의 문서 24장에서

'parousia'를 '인자의 임함' 이라는 표현도식으로

네 차례에 걸쳐 사용한다. (마 24.3, 27, 37, 39)

여기에서 우리말 '임함'은 '오심'의 동의어이다.

위의 인용문에서 구름은 하나님의 현존을,

'권능과 영광'은 하나님의 본성을 나타낸다.
예수 그리스도는 마지막 때에 구름 위에서
'권능과 영광'으로 세상에 다시 온다.

신약성서에 언급된 재림의 사건은 후세의 성화에 즐겨 다루어진다.
신비로운 재림광경을 묘사한 중세 모자이크 성화를 보면
현란한 구름무늬 위에 서있는 후광의 인자가 빛의 영광속에 출현한다.
관찰자는 재림의 구현에서 '권능과 영광'의 충만을 감동으로 체험한다.

이어지는 구절은 천상의 사신을 통한 전인류의 선택,
다시 말해 죽은 자와 산 자 모두의 '모음'을 선언한다. (13.27)
여기에는 장소부사구 '땅끝으로부터 하늘 끝까지'가 삽입된다.
바로 이 우주적 구원의 복음이 13장의 중심을 형성한다.

영광의 재림을 선언하는 위의 문장과
유사한 구절이 최고의회 심문에 관한 기사에 발견된다.
침묵으로 일관하던 예수님은 하나님의 아들에 관한
대제사장의 거듭된 질문에 대해 다음과 같이 답변한다.

"인자가 권능자의 우편에 앉은 것과
하늘구름을 타고 오는 것을 너희가 보리라." (14.62)
문장의 후반부는 묵시설교의 재림선언과 일치한다.
전반부는 예수님의 승천 이후의 상황을 지시한다.

이것은 '다시 오심'에 선행하는 예비단계이다.

'우편에' 앉는 것은 '주님의 권능'을 부여하는 것이다.

하나님의 아들 예수님은 아버지의 전권을 행사할 수 있는 위치에 있다.

예수님은 절박한 위기의 순간에 하나님의 진리를 당당하게 선포한다.

숭고한 선언에 이어진 마지막 단락은 인자의 재림을 준비할

제자들의 자세를 두 개의 비유를 통해 교시한다. (13.28-37)

무화과나무 가지에서 새잎이 돋아나면 여름이 가까움을 알린다.

마찬가지로 마지막 날의 재앙은 인자의 오심에 대한 전조이다.

선택받을 자는 항상 준비된 마음으로 결정의 날을 기다려야 한다.

이것은 '한사람'이 집을 비운 사이에

하인과 문지기가 준수해야 할 준칙으로 서술된다.

그들은 집주인이 여행에서 돌아올 때까지

위임받은 업무를 충실히 이행하고 집의 문을 잘 지켜야 한다.

마찬가지로 예수님이 승천한 후에 다시 올 때까지

제자들에게 남겨진 유일의 과제는 일어나 기도하는 것이다.

단호한 명령 '깨어있으라'는 종반의 다섯 절에 네 차례나 반복된다.

'깨어있음'은 육체적 활동의 차원을 넘어서는 영과 믿음의 각성이다.

구원의 확신을 가진 기독교인은 영의 생명으로

다시 찾아올 예수님을 맞이하여야 한다.

이것이 귀중한 묵시설교에 주어진 마지막 당부이며 명령이다.

"이틀이 지나면 유월절과 무교절이라."

(막 14.2)

올리브산의 묵시설교로 마지막 주간 화요일의 일정은 마감된다.

이후로는 본격적인 고난사의 막이 오른다.

마가복음 14-15장의 두 장은 예수님의 체포에서

두 차례의 심문을 거쳐 십자가처형에 이르는 모든 과정을 기술한다.

이 부분은 성금요일에 이르는 목요일과 금요일의 일정이다.

급속하게 전개된 이틀 동안의 사건은 예수님전기의 정상이다.

여기에는 최후의 만찬, 겟세마네 기도, 시체의 매장이 포함된다.

모욕과 조롱이 동반된 십자가처형은 전체의 클라이맥스이다.

슬픔의 금요일을 뜻하는 성금요일은

정적의 금요일 혹은 고귀한 금요일로도 불린다.

부활절 이전의 금요일에 해당하는 이날은

십자가위의 예수 그리스도 고난과 죽음을 추모하는 날이다.

그리스도 고난은 십자가처형에 이르는 예수님 수난과 죽음을 뜻한다.

이에 관한 복음가의 기술은 고난사 혹은 고난이야기라고 불린다.
라틴어 명사 'passio'에 연원하는 고난은 영어 'passion'으로 표기된다.
여기에는 고난, 수난과 함께 열정, 정열의 의미가 포함되어 있다.

두 의미는 예수 그리스도의 삶과 죽음에서 하나로 용해된다.
예수님의 고난에는 하나님을 향한 강한 열정이 포함되어 있다.
이와 같은 열정은 빛으로 비유되는 영광으로 이어진다.
고난의 영광이라는 역설의 명제는 십자가 상징으로 나타난다.

십자가 표상에는 죽음과 영광이 내재해있다.
가장 비천한 죽음은 가장 고귀한 영광을 지시한다.
예수님은 모든 고통과 박해의 감내와 속죄의
죽음을 통해 영생을 부여하는 부활의 영광에 도달한다.

마가복음 14장은 다음과 같은 문장으로 시작된다.
"이틀이 지나면 유월절과 무교절이라." (막 14.2)
객관적 서술문은 고난사의 피크를 알리는 시그널이다.
특정한 일정을 지시하는 어법은 저자의 서사기법이다.

고난기사가 유월절 언급으로 시작되는 것은 특별한 의미가 있다.
유월절에 먹는 어린양의 도살은 예수님의 희생적 죽음을 상징한다.
어린양의 피는 십자가에서 흘리는 속죄의 피로 나타난다.
유월절은 유대민족의 이집트 탈출을 기념하는 최대의 절기이다.

출애굽기 12장 21-23절에 의하면 백성들은 집을 떠나기 전에
어린양의 피를 우슬초에 적셔 문의 '좌우설주'와 인방에 뿌린다.
피는 생명의 상징이다. 여호와께서 피를 바른 집의 문을
'넘어가면' 죽음의 사자가 물러나 화를 면하게 된다.

여기에서 유월에 해당하는 영어 'pass over'가 파생한다.
'넘어감'은 구원과 경배로 이어진다.
다음 절에는 유월절 준수가 영원한 규례로 선포된다.
유월절축제는 니산달 14일에 시작되며

14일 일몰에서 자정 사이에 축하연이 베풀어진다.
니산달은 히브리 달력에서 일년의 첫번째 달로
오늘날의 캘린더에 의하면 3-4월에 해당한다.
저녁만찬에 사용될 어린양은 14일 오후에 잡는다.

후대에 와서는 유월절이 추수절인 무교절과 겹쳐서
8일 동안이나 계속된다. 이 기간에는
'고난의 떡'(신 16.3)인 누룩없는 빵(mazzen)을
쓴 나물과 함께 먹음으로써 출애굽의 시련과 해방을 기념한다.

이러한 연유로 거대한 두 절기가 동시에 언급된다.
축제의 하이라이트인 대연회가 예루살렘을 중심으로
베풀어지기 때문에 수많은 축하객이 이곳으로 모여든다.

출애굽의 해방을 기념하는 뜻깊은 민족의 절기가

이스라엘 백성이 메시아에 의해 구원받는 역사적 시점이 된다.
첫 유월절예식 이후 1400년이 흐른 서기 30년 유월절에
새로운 메시아는 인류의 속죄양으로 십자가에 처형된다.
이것이 '새로운 유월절'의 의미이다.

대제사장과 율법학자들은 정상적 방법으로
예수님을 죽일 수 없다는 사실을 알게 된다.
때문에 그 어떤 '책략'으로 이미 추진한 살해계획을
실행에 옮기려 한다. 그러나 여기에는 장애물이 놓여있다.

그것은 혹시 일어날지 모를 거대한 민중봉기이다.
유월절 기간에는 무려 100,000명의 순례객이 예루살렘에 모여든다.
유월절 소요는 로마 정치가나 유대 종교지도자가
가장 두려워하는 대상이다. 소요의 방식과 내용이

어떻게 전개될지 알 수 없기 때문이다.
따라서 대제사장과 율법학자들은
전통의 축제기간을 피하여 거사하기로 작정한다.
그러나 예수님의 죽음은 적대세력의 생각대로 진행된 것이 아니다.

여기에는 때이른 유다의 배반이라는 변수가 놓여있다.

그의 비밀제의는 이미 베다니 식사일에 전해진다. (14.10-11)
모든 제자가 동석한 자리에서 특별한 인정을 받지 못한
'이스카리옷 유다'는 식사장소를 몰래 빠져나와 대제사장을 찾아간다.

예기하지 못한 유다의 말을 들은 대제사장은
기쁨에 가득 차 돈을 주겠다고 약속한다.
마태에 의하면 그 액수는 '은 삼십량'이다. (마 26.15)
이로써 두 번째 부활예언의 예수님 말씀이 실현된다.

그리스도 고난은 기독교예술을 각인하는 중심주제이다.
영적 드라마 고난극은 이미 중세에 널리 보급된 문학장르이다.
주로 성금요일 예식과 연관하여 무대 위에 올려지는
고난극 공연은 몇 시간을 넘어 며칠동안 계속되기도 한다.

근세 이후로는 고난음악에 속하는 수난곡이 활발하게 펼쳐진다.
유명한 Bach의 〈마태수난곡〉(BWV 244)과 〈요한수난곡〉은
현재까지 남아있는 유일의 오라토라오이다. 특히
〈마태수난곡〉은 프로테스탄트 교회음악의 정점을 형성한다.

78악장으로 구성된 대작은 초연 이후 오랫동안
잊혀져 있다가 100년이 지난 1829년 3월
Mendelssohn의 지휘아래 절반으로 축소된 버전으로 재연된다.
그 이후로 〈마태수난곡〉의 르네상스가 시작된다.

작곡가의 미학이념이 투영된 복합수난곡은
고난사의 음악적 전이가 아니라 고난사에 관한
작곡가 자신의 심오한 신학적 해석이다.
독창적 성격의 장대한 운문텍스트는 이 사실을 증명한다.

모두 18편의 노래시 가운데 여덟 편은
바로크 영적 노래시인 Gebhardt의 서정시에서 취해진다.
두 편의 합창곡 〈너의 길을 명령하라〉와
〈오 피와 상처로 가득 찬 머리여〉가 여기에 속한다.

제53 합창곡의 처음 두 행은 다음과 같다.
"너의 길을 명령하라/ 그리고 너의 가슴을 아프게 하는 것."
제63 합창곡의 도입 두 행은 그리스도 고난을 지시한다.
"오 고뇌와 조소로 가득 찬/ 피와 상처로 가득 찬 머리여."

Bach의 '거대한 고난' 처럼 강한 반향을 야기한 음악작품도 드물다.
신학자, 작곡가, 지휘자는 수세기에 걸쳐 그의 수난곡에 매료된다.
그것은 한마디로 '나의 영혼을 움직이는' 역동의 파급력 때문이다.
수난곡을 듣는 사람은 그리스도의 수난에 영적 감동으로 동화된다.

"이 잔을 내게서 옮기시옵소서. 그러나 나의 원대로 마시옵고 아버지의 원대로 하옵소서."

(막 14.36)

예루살렘 동쪽 올리브산 기슭의 작은 동산 겟세마네
'올리브 짜는 기구'라는 이름은 압박과 고통에
짓눌린 고독한 기도자의 모습을 시사한다.
예수님이 마지막 기도를 드린 장소는 초기기독교 순례의 중심지이다.

최후의 만찬을 '할렐'(Hallel) 찬송으로 끝마친
예수님은 겟세마네 동산으로 이동한다.
평소에 즐겨 찾던 은밀한 기도처소에서(눅 21.37)
곧 닥쳐올 죽음에 직면하여 철야기도를 드리기 위해

예수님은 베드로, 요한, 야고보만을 데리고 산에 오른다.
그리고 자신의 내면의 심경을 솔직하게 토로한다.
"내 마음이 심히 고민하여 죽게 되었으니." (막 14.34)
주님의 영혼에 관해서는 성서에 별로 지적된 내용이 없다.

그러나 "내 영혼이 죽을 정도로 괴롭다" 라고 말할 때
그것은 인간존재의 깊은 영혼의 고뇌를 나타낸다.
예수님은 여기에서 신적 우월성을 지닌 비범한
초월자가 아니라 싸워야할 인간으로 묘사된다.

처절한 내면의 고백 이전에 제시된 서술부

"심히 놀라며 슬퍼하다"는 루터성서 개역본에

'몸을 떨며 무서워하다'로 표기되어 있다. (마 14.33)

즉 신체와 정신을 포괄하는 이중의 고통을 지시한다.

스승의 번민에 동화되지 못한 세 명의 애제자는

기도장소에서 멀지 않은 곳에서 잠에 취해있다.

'깨어있으라'라는 기도자의 지시를 두 번씩이나 어긴 우둔한 제자이다.

그들에겐 그날 저녁 경험한 최후만찬의 감격이 이미 잊힌 것이다.

예수님의 기도는 그처럼 철저한 고독자의 행위이다.

다만 하늘의 천사가 나타나 용기를 북돋아준다. (눅 22.43)

예수님은 더욱 간절하게 온 힘을 다해 기도한다.

'땀이 핏방울처럼 땅에 떨어지듯.' (눅 22.44).

수사적 비유구문은 흐르는 땀이 상처에서

터져나오는 핏방울처럼 보인다는 사실을 지시한다.

이와 같은 어법은 기도자가 얼마나 전심전력으로

간곡하게 기도하였는가를 여실히 보여준다.

첫 번째 기도는 다음과 같은 청원이다.

"아빠 아버지여 아버지께는 모든 것이 가능하오니

이 잔을 내게서 옮기시옵소서." (마 14.36)

간절한 청원의 전제에 해당하는 선행구절

'모든 것이 가능하오니'는 주어진 잔을 '옮기는'
권한이 하나님에게 있음을 인정하는 고백이다.
여기에는 아버지의 뜻에 절대적으로 순종하는
충실한 아들의 자세가 나타나있다.

기도를 시작하는 호칭 '아빠'는 아람어 '아바'(abba)를 가리킨다.
이 단어는 가족 사이의 친밀관계를 나타낼 때 사용된다.
여기에 명사 아버지(그리스어 'pater')가 따른다.
복합호칭 '아빠 아버지'는 기도자의 친밀감과 간절함을 지시한다.

기도자가 두려움으로 물리치려 한 '이 잔'은 이미
야고보와 요한의 청원에 관한 단락에 지적된 고뇌의 잔이다.
"내가 마시는 잔을 너희가 마실 수 있으며." (막 10.38)
첫재 기도의 문맥에는 죄없는 영혼이 받아들여야 할 고통이 숙명이다.

두 번째 기도는 첫 번째 기도의 과감한 역전이다. (14.36)
"나의 원대로 마시옵고 아버지의 원대로 하옵소서."
새로운 발언은 앞의 청원에 대한 깊은 자성에서 나온다.
기도자는 자신의 죽음이 돌이킬 수 없는 하나님의 계획임을 확인한다.

'죽음의 잔'은 대속의 구원을 가져오는 희망의 성배로 이전된다.

비록 인간의 속성을 지닌 아들에게 괴로운 일이라 하더라도
불변하는 '아버지의 뜻'이라면 인내로 순종해야 한다. 스스로를 완전히
버리는 절대폐기의 고백에는 하나님아들의 위대함이 드러난다.

아버지의 숭고한 의지를 간파한 영적 투시력은
자신의 운명을 전능한 하나님의 손에 맡긴다.
하나님의 뜻에 따르는 것은 승리이며
자신의 의지대로 움직이는 것은 패배이다.

첫째 기도를 물리친 둘째 기도는 겟세마네 사건의 핵심이다.
자기자신을 과감하게 낮추는 순종의 기도에서 십자가승리는 얻어진다.
예수님은 하나님 아버지로의 예속을 통해 위대한 구원을 실현한다.
이것이 겟세마네 기도가 독자에게 전하는 마지막 메시지이다.

"그 일을 생각하고 울었더라."

(막 14.72)

대제사장 뜰에서 예수님의 심문이 진행되는 동안
층계 아래의 마당에는 정반대의 일이 일어난다.
아무런 죄도 없는 예수님은 죽음의 형벌에 처해지는 반면
제자 베드로는 자신의 목숨을 구하기 위해 단숨에 스승을 버린다.

베드로가 아래의 뜰에서 불을 쬐며 판결의 결과를 기다리고 있을 때
대제사장의 여종이 베드로에게 예수님과 '한 통속'이 아니냐고 묻는다.
의외의 기습에 베드로는 신변의 위험을 느끼며 아니라고 답변한다.
곁에 서 있던 사람들이 '갈릴리 사람'이라고 폭로한다.

이들은 예수님의 체포작전에 가담한 부대원일 가능성이 높다.
대제사장의 종 가운데에는 예수님의 체포 당시에
베드로의 칼로 귀가 잘린 '말고'의 친척도 있다. (요 18.26)
그는 "네가 동산에 있는 것을 내가 보지 않았느냐"고 다그쳐 묻는다.

긴박한 상황 아래에서 베드로는 마지막으로
'저주하고 맹세하며' 강하게 부정한다. (막 14.71)
그때 신기하게도 두 번째 닭우는 소리가 크고 길게 들려온다.
겟세마네 동산으로 가는 도중의 예수님 경고가 그대로 들어맞는다.

"오늘 이밤 닭이 두 번 울기 전에 네가 세 번 나를 부인하리라." (14.30)
베드로는 자신을 향한 경고의 말씀이 '기억나' 울음을 참지 못한다.
"그 일을 생각하고 울었더라." (14.72)
위의 문장에서 객관적으로 사용된 과거동사 '울었다'는

'왈칵 울음을 터뜨렸다'로 읽는 것이 적절해 보인다.
마태복음 26장 75절의 병행구문에는
'심히 통곡하니라'고 표현되어 있다.

즉 단순한 울음이 아니라 자책의 통곡이다.

베드로는 "끝까지 예수님을 따르겠다"고
두 번씩이나 호언장담한 특별한 제자이다. (막 14.29,31)
이제 스승의 음성이 생생하게 귓전에 울려와
터져나오는 울음을 제어하지 못한다.

가슴속 깊은 곳에서 우러나오는 자책의 감정을
억누를 수 없었을 것이다. 베드로가 급하게
도주하면서 보여준 통한의 울음은 어두운 시절의
베드로 방황에 관한 마가의 회상기이다.

두 개의 거대한 재판 사이에 끼워진 삽입단락은
스승을 부인한 베드로의 행동에 관한 단순한 폭로가 아니다.
그의 울음은 미래의 회심을 예고하고 있다.
눈물은 새로운 삶을 위한 길의 발걸음이다.

Greco의 유화 〈성베드로의 눈물〉(1587-1596)은
반신상의 베드로가 어둠이 짙게 깔린 밤의 나무 앞에
서서 눈물을 흘리는 장면을 화폭에 담는다. (그림 4)
세 차례나 예수님을 부인한 비겁한 제자가

가슴속 깊이 후회하는 드라마틱한 순간의 포착이다.

은회색 턱수염이 무성한 노베드로의

눈과 뺨은 연한 붉은 빛깔로 물들어 있다.

촉촉이 젖은 두 눈동자는 깊은 영혼의 고뇌를 반영한다.

예술가는 관찰자를 베드로의 깊은 감정의 소요로 끌어들인다.

마치 기도하듯 강하게 서로 접혀진 두 손은

하나님의 은총을 갈구하는 애절한 탄원의 표시이다.

소매없는 청색 옷과 노란색 겉옷은 영적 위대함의 상징이다.

허리띠에 매달린 '천국의 열쇠'는 미래의 천국수호자를 예시한다.

열쇠는 베드로의 정체성을 대언하는 인식징표이다.

이와 같은 사실은 마태복음 16장의 예수님 약속에 의거한다.

"내가 천국열쇠를 네게 주리니." (마 16.19)

자세히 관찰하여 보면 화면의 좌측 좁은 측면공간에

천사의 에테르 형상이 희미하게 감지된다. 극도로

세밀한 기법으로 구현된 신적 현존의 표상이다.

날개달린 천사를 둘러싼 타원형 후광은 백색 광채를 발한다.

"내가 무죄한 피를 팔고 죄를 범하였도다."

(마 27.4)

예수님이 체포된 이후 유다는 고난사 무대에서 사라진다.

배반자로서의 그의 역할은 스승을 적의 손에 인계함으로써 종료된다.

그러나 마태복음에는 잊힌 유다가 다시금 독자의 눈앞에 등장한다.

그것은 유다의 최후운명에 관한 독자적 서술이다.

여덟 절의 전기이야기는 유대의회에 의한 송사의 이관과

역사적 빌라도의 재판 사이에 배치되어 있다. (마 27.3-10).

단락의 종반부는 유다가 따나간 이후 '피의 돈'으로

토기장이 밭을 산 제사장의 행동에 관한 후기이다. (27.8-10)

유다의 배반에 관한 복음서의 짤막한 기사에는

그의 이름이 '열둘 중의 하나'라고 명명된다. (막 14.10, 마 26.14.)

이것은 그가 부름받은 제자라는 사실을 지시한다.

소명을 받고 예수님을 따른 제자가 스승을 배반한다.

유다는 동료의 공금을 관리할 정도로 유능한 인물이다.

스승의 신임이 두터운 그가 변절한 가장 근본적 이유는

'충실한 종'의 약점을 노리는 사탄의 활동에 있다.

세상의 재능은 구원과 생명의 길에 방해가 되는 수가 적지 않다.

예수님은 유월절 만찬자리에서 한 사람이 자신을
배반하리라고 두 번이나 연이어 폭로한다.
두 번째 발언에는 "나와 함께 그릇에 손을 넣는 자" 라고
구체적으로 배반자가 누구인가를 밝힌다. (마 26.23)

이것은 유다에게 참을 수 없이 당혹스럽고 수치스러운 일이다.
그러나 유다는 태연하게 "랍비여 나는 아니지요" 라고 반문한다.
그는 자신의 행동을 안타까워 하며 '영적 파멸을
선언하는' 스승의 최후경고를 차갑게 외면한다.

마태는 유다의 마지막 행위를 비교적 상세하게 기술한다.
최고의회에서 예수님 사형이 의결된 사실을 알게 된 유다는
'뉘우치며' 대제사장과 장로를 찾아가 받은 돈을 돌려주며 말한다.
"내가 무죄한 피를 팔고 죄를 범하였도다." (마 27.4)

비록 늦었으나 스스로의 죄를 솔직하게 인정하는 고백이다.
자신의 배반행위로 인한 스승의 죽음에 양심의 가책을 느낀 발언이다.
그러나 이미 응분의 대가를 지불한 상대방은 차갑게 대꾸할 뿐이다.
"그것이 우리에게 무슨 상관이 있느냐. 네가 당하라." (마 27.4)

엄청나게 놀라운 대답을 들은 유다는 은꾸러미를 성소에 던져넣고
은밀한 계곡으로 들어가 바위의 나무에 목을 매달아 죽는다.
유다의 처참한 최후는 기독교인에게 중요한 사실을 일깨워준다.

그것은 용서와 회개의 시점을 놓쳐서는 안된다는 교훈이다.

유다는 유월절 만찬에서 자신의 배반이 폭로되었을 때
스승 앞에 무릎을 꿇고 스스로 저지른 모든 죄를 뉘우치고 회개하며
자비의 용서를 빌어야만 했다. 그러나 이미 영적 분별력을
상실한 몽매한 그에게 그와 같은 결단은 먼나라 일에 속한다.

"내 나라는 이 세상에 속한 것이 아니니라."

(요 18.36)

하나님나라의 증언은 요한복음에서 상대적으로 절제되어 있다.
그러나 고난사의 중반에 등장하는 빌라도 재판에는
하나님나라에 관한 의미있는 지적이 발견된다.
'예수님의 나라'로 표현된 나라는 여기에서 독자적 의미를 얻는다.

재판장은 심문의 서두에서 피고에게 "네가 유대인의 왕이냐"고 묻는다.
이 호칭은 마태의 아기예수의 출생이야기 서두에서
동방박사에 의해 이미 사용된 것이다. (마 2.2)
빌라도는 '유대인의 왕'을 정치적 왕으로 오해한 것으로 보인다.

산헤드린 공의회는 '유대인의 왕'이 정치적 반역죄에 해당한다고
판단하여 고소장에 피고의 죄목으로 기재한 것이다.

그러나 고소장의 죄목은 대제사장의 실제심문과 맞지 않는다.
재판장은 무엇보다 먼저 고발된 죄목의 합법성을 확인하려 한다.

이와 같은 의도는 재판의 전개에서 처음부터 빗나가기 시작한다.
빌라도의 두 번째 질문 "네가 무엇을 하였느냐"에
대해 피고는 뜻밖의 답변을 내어놓는다.
"내 나라는 이 세상에 속한 것이 아니니라." (요 18.36)

문장의 서술부 '속한 것이 아니다'는 관계의 부정을 지시한다.
우회적으로 표현된 발언에는 두 가지 사실이 담겨있다.
예수님은 자신에게 속한 나라의 주인이며,
그의 나라는 지상의 왕국과 다른 하나님의 나라이다.

하나님의 나라는 '이 지상에 속한' 정치적 왕국이 아니다.
정치적 왕권은 세속의 권력에 의존한다.
그러나 '영적 생명의 왕'은 현실의 도움을 필요로 하지 않는다.
예수님은 세 번째 질문 "네가 왕이 아니냐"에 대해 "내가 왕이니라"고

수긍한다. 이것은 인류를 죄에서 구원할 새로운 메시아왕을 지시한다.
이어서 자신이 말한 것을 '진리의 증언' 이라고 표현한다. (18.37)
즉 하나님나라의 존재와 그 주인을 증명하는 일이다.
이처럼 고귀한 사실이 빌라도에게 이해될 수 없음은 당연한 일이다.

그는 엉뚱하게 '진리가 무엇이냐'고 되묻는다. (18.38)
외형상으로 진리에 대한 무관심을 보여주는 물음에는
재판장의 내면에 도사리고 있는 불안과 초조의 감정이 배여있다.
그는 자신이 심문하고 있는 피고에게 죄가 없음을 인식하고 있다.

그럼에도 불구하고 거대한 유대군중의 환심을 사기 위해
피고를 가혹한 십자가 사형에 처하도록 결정한다.
예수님은 자신의 운명을 결정할 중요한 순간에
스스로의 입장을 변호하는 대신에 하나님의 나라를 증언한다.

하나님의 나라는 그가 공생애기간 동안 중단없이 선포한 대상이다.
이 중요한 과업이 자신의 생명이 연관된 마지막 재판에서도
실행된다. 여기에는 '자신의 나라'가 이 세상으로부터
나온 것이 아니라는 사실이 강조된다.

빌라도가 물어본 '유대인의 왕'은 하나님통치의 왕으로 답변된다.
예수님은 하나님의 나라에서 통치의 주권을 물려받은 왕이다.
그러나 통치자의 왕관이 아니라 가시관을 쓰게 될 고난의 주체이다.
가시관은 세속의 왕을 대체하는 하나님나라 왕을 지시하는 상징이다.

"보라 이 사람이로다."

(요 19.5)

빌라도의 재판은 역사적 사실성이 강한 고난사의 사건이다.
비정상으로 이루어진 재판과정에서 십자가 사형이
결정된 후에는 채찍질과 조롱극 행사가 따른다.
'초달질'로 불리는 채찍질은 로마 시민권이 없는

남성 범죄자에게 십자가에 못박기 이전에 가해지는 가혹한 형벌이다.
채찍은 여러 개의 뼈나 납의 꼬리가 달린 날카로운 가죽끈을 말한다.
사형수는 채찍으로 심하게 얻어맞아 육체의 힘을
모두 소진하고 결국 거의 죽음의 상태에 이르게 된다.

로마군병의 조롱극은 단순한 즉흥적 해프닝이 아니라
고대문화에 유래하는 웃음거리 연극의 일종이다.
고대의 군사축제에는 '바보의 왕'을 처단하기 전에
유사한 형태의 조소와 희롱이 자행되었다고 한다.

군인들은 예수님의 몸에 붉은 옷을 입히고
가시관을 엮어 머리에 씌워준다.
이것은 예수님을 실패한 군인의 왕으로 비하하기 위함이다.
자주빛 옷은 로마병정의 군복이며

가시관은 황금왕관에 대한 희화이다.
팔레스티나 지방에는 날카로운 가시를 가진 식물이
여러 곳에 발견된다. 아칸서스 나무 잎사귀로 만든
넓고 둥근 화관은 가시면류관이라 불린다.

예수님의 머리 위에 놓여진 가시면류관은
구세주의 고통과 승리를 동시에 나타내는 상징이다.
빌라도 재판과정의 도중에 삽입된 조롱극에는
후세에 영향력을 행사한 특별한 사건이 발생한다.

예수님의 죄를 심문하던 총독 빌라도는 조롱극의 대상이 된
피고가 관정 밖으로 나오는 것을 보자 유대군중을 향해 외친다.
"보라 이 사람이로다." (요 19.5)
선행하는 명령동사 '보라'는 군중의 주의를 환기시키는 어법이다.

루터성서 개역본에는 위의 문장이 "어떤 사람인가 보라"로 번역된다
이렇게 되면 '사람'의 존재와 성격에 무게가 실린다.
즉 채찍질 당하고 조롱받은 죄수의 비참함을 지시한다고 볼 수 있다.
그럼에도 불구하고 빌라도 발언의 원래의도를 가늠하기는 쉽지 않다.

아마도 그는 이 한마디 말로 청중의 동정심을 유발하여
흥분된 감정을 진정시키려 하였는지 모른다.
이것은 십자가처형의 형벌에 회의를 갖고 있던 우유부단한

재판장 빌라도가 할 수 있는 유일의 회유책일런지는 모른다.

그러나 이미 자제력을 상실한 유대군중에게
빌라도의 특별한 호소는 허공의 메아리에 불과하다.
그들은 더욱 큰소리로 재판장을 향해 고함을 지른다.
"십자가에 못박으소서. 십자가에 못박으소서." (19.6)

빌라도가 군중을 향해 던진 마지막 호소는 허무한 결과로 끝난다.
한편 자세히 살펴보면 그속에는 또다른 중요한 의미가 들어있다.
즉 발언자의 의사와 관계없이 메시아 존재가 암시된다.
조롱극의 주인공은 '진정한 인간'으로 유대군중 앞에 나타난다.

그는 인간의 몸으로 세상에 온 하나님의 아들이다.
이것은 요한복음 서두의 성육신 사상에 연결된다.
'이 사람'은 복음서의 주요주제인 '인자의 신학'으로 용해된다.
'사람의 아들'을 뜻하는 복합명사 인자는 '이 사람'으로 표현된다.

"보라 이 사람이로다"에 해당하는 라틴어성서 구문
'ecce homo'는 후일 기독교전통으로 활발하게 이입된다.
기독교 미술사에는 '에케 호모' 도상화의 유형이 형성된다.
도상화의 중심은 조롱받고 모욕당한 '이 사람'의 시각적 재현이다.

난해한 과제는 화가의 관점과 성향에 따라 여러 방식으로 해결된다.

일반화된 도상은 극심한 고문에 시달린 사형수의 처참한 모습이다.
여기에는 불굴의 감내로 고통을 극복한 초월자의 얼굴이 투영된다.
그것은 닥쳐올 십자가 고통을 이겨낼 위대한 고난자의 상이다.

"그들이 그를 억지로 같이 가게 하여 예수의 십자가를 지우고."

(막 15.21)

역동적으로 진행된 고난사 과정에서 골고다의 길은
우스꽝스러운 조롱극에 이어진 짤막한 삽입단락이다.
사형집행 부대는 죄수의 어깨 위에 십자가 횡목을 올려놓는다.
그리고 예루살렘 뒷골목을 거쳐 골고다 형장으로 끌고 간다.

많은 사람들이 길가에 서서 예수님이
힘겨운 노정을 시작하는 모습을 지켜본다.
다른 사람들은 행렬을 따라간다.
그들은 예수님이 어떻게 십자가에 못박히는지 보려 한다.

마침 우연히 옆을 지나가던 구레네 사람 시몬이
로마 지휘관의 지시로 예수님의 십자가를 대신 짊어진다.
구레네는 아프리카 북부의 동부리 비아 지역을 말한다.
시몬은 종교상의 이유로 팔레스티나로 이주한 인물로 보인다.

그가 루포의 부친이라는 마가의 지적(막 15.21)은
기독교가정에 관한 바울의 전승에 연결된다.
바울은 로마서의 마지막에서 주님에 의해
선택된 루포에게 안부인사를 전한다. (롬 16.13)

여기에서 그는 '어머니' 상징을 통해
루포와의 가까운 친분관계를 지적하고 있다.
유월절을 지내기 위해 예루살렘으로 온 순례객인 그는
예수님의 마지막 발걸음을 함께하는 동반자가 된다. (막 15.21)

"그들이 그를 억지로 같이 가게 하여 예수의 십자가를 지우고"
위의 문장에서 서술동사 '억지로 같이 가게 하다'는
십자가의 짊어짐이 행렬의 지휘자에 의해 강제로
집행된 행동이라는 사실을 지시한다.

비록 본인의 의사가 아니라 하더라도 시몬은
예수님의 십자가를 짊어지는 외형의 후계자가 된다.
아울러 십자가의 길이 제자들에게 몹시
견디기 힘든 어려운 과업임을 시사한다.

험난한 고난행렬은 십자가 처형을 위해 거쳐야 할 코스에 불과하다.
그러나 여기에는 자신의 죽음을 예비하는 메시아 자세가 드러나있다.
그것은 이사야의 예언처럼 온 인류의 죄를 대신 짊어지고

도살장으로 끌려가는 어린양의 모습이다. (사 53.7)

"마치 도수장으로 끌려가는 어린양과 털 깎는 자 앞에서
잠잠한 양같이 그 입을 열지 아니하였도다."
어린양의 침묵은 단순한 나약함이나
무기력이 아니라 사랑과 믿음에 기인한다.

고난사 과정에 단편적으로 삽입된 골고다의 길은
기독교역사에서 매우 중요한 자리를 차지한다.
그리스도가 겪는 고난에 동참하도록 유도하는 장면을
소재로 삼은 저술이나 단행본은 다수에 이른다.

무엇보다 세계적 성지순례 장소로 유명한 '고난의 길'
순례로 의미있게 기념된다. 고난의 길은 슬픔의 길,
고통의 길을 뜻하는 라틴어 명사구 'via dolorosa'의 역어이다.
오늘날 옛예루살렘 성지에 위치한 14단계 순례루트로 대언된다.

14개 루트의 통과에서 처음 아홉 개는 외부의 길에서 이루어진다.
제5노정의 시몬 구레네 예배당 입구의 외부벽면 좌측 상단에
라틴어 대문자 명칭 'VIA DOLOROSA'가 새겨져있다.
마지막 다섯 코스는 거룩한 무덤교회인 성묘교회 안에서 진행된다.

성묘교회는 예수님 묘지가 있던 장소에 세워진

무덤교회로 가장 성스러운 기독교성지의 하나이다.
성묘교회의 다섯 노정은 십자가 처형, 십자가 죽음,
슬픔의 여인, 성유바위, 무덤의 매장이다.

교회정문 입구 전면에 놓여진 성유바위는
매장하기 전에 예수님 시체에 기름을 바른 장소이다.
직사각형 바위의 전면 좌우 모서리에 네 개의 촛대가 설치되어 있다.
바위 위에는 작은 십자가 형상이 새겨진 8개의 장식램프가 걸려있다.

예루살렘 방문객은 라틴어 숫자가 표기된 정류장을 걸으며
예수님이 겪은 고난의 역정을 하나하나 체험할 수 있다.
그것은 메시아 삶의 마지막 단계인 고난사건에 참여하는 일이다.
고난의 길은 순례객에게 주님의 고난을 가르치는 학습장이다.

미국 기독교음악 여가수 Sandi Patty는 일곱 번째 스튜디오 앨범
〈가슴의 노래〉(1984) 제6곡에서 자신이 홀로 예루살렘 거리를
걸어가는 장면을 배경화면으로 〈비아 돌로로사〉를 열창한다.
일곱 연으로 구성된 가사의 첫 연과 마지막 연은 다음과 같다.

"그날 예루살렘의 고난의 길 따라/
군인들은 좁은 길을 치우려고
노력하였네/ 그러나 군중은 갈보리에서
죽음의 형벌이 주어질/ 남자를 보기 위해 밀려들었네.

...

고통의 길로 불리는 고난의 길 따라/
그리스도 왕 메시아는 어린양처럼 왔다/ 그러나 그는
너와 나를 위한 사랑으로 그 길을 걷기로 결정하였네.
갈보리로 향하는 고난의 길 따라."

Patty의 멜로디는 점진적으로 상승하다 하강하는 형식을 취하고 있다.
장엄한 전주곡 이후 비교적 담담하게 출발한 노래의 흐름은
둘째 연을 거쳐 마지막 연에 이르러 힘찬 격정의 톤으로 넘어간다.
특히 시연의 핵심구문 '너와 나를 위한 사랑으로'에 강세가 주어진다.

예수 그리스도는 바로 '우리를 위한 사랑' 때문에 십자가를 짊어진다.
이어지는 결구 "갈보리로 향하는 고난의 길 따라"에는
마지막 3음절 시어 'Calvary'가 매혹적으로 조음된다.
이와 함께 그리스도 고난을 재연하는 격정의 멜로디는 종식된다.

"나의 하나님, 나의 하나님 어찌하여 나를 버리셨나이까."

(막 15.34)

예수님의 운명은 십자가처형 장면의 클라이맥스이다.
매우 격정적으로 기술된 단락에는 특별한 자연변화가 동반된다.

제6시가 되자 '온땅에' 짙은 어둠이 덮여 세 시간 동안 지속된다.
이것은 자연의 재난일 뿐만 아니라 신체와 영혼의 암흑이다.

제9시가 되자 예수님은 다음과 같이 큰 소리로 외친다.
"나의 하나님, 나의 하나님 어찌하여 나를 버리셨나이까" (막 15.34)
마가복음에는 번역문에 아람어 원문이 선행되어 있다.
"엘리 엘리 라마 사박다니." "Eloi, Eloi lama sabachthani."

마태복음의 병행구절(마 27.46)에는
하나님의 호칭 '엘로이'(eloi)가 '엘리'(eli)로,
'라마'(lama)가 '레마'(lema)로 표기된다.
이것은 시편의 히브리 어법의 반영이다.

도전적 의문문을 인도하는 반복호칭 '나의 하나님'은
겟세마네 기도를 열어준 호칭 '아바'의 연속이다.
다만 '나의 하나님'에는 '아바'에 내재된 친밀감이 결여되어 있다.
상대적으로 객관성을 지닌 명칭의 사용은 소외의 감정을 뒷받침한다.

현재완료형 과거동사 '버리셨나이까'는 버림받음 자체를 나타낸다.
예수님은 죽음의 순간에 하나님과 제자들로부터 완전히 외면당한다.
그러나 의문부사 '어찌하여'에는 '버림'의 의도와 목적에 관한 물음이
포함되어 있다. 다시 말해 하나님의 특별한 뜻이 있음을 의미한다.

한 절의 암송문은 시편 22편 1절의 인용이다.
예수님은 재앙의 위협에 직면한 다윗왕의 절규를
큰 소리로 암송함으로써 자신이 유대의 후예임을 지적한다.
시편은 예수님이 평소에 즐겨 묵상하는 성서의 책이다.

이중의미를 내포한 부르짖음으로 시작된 시편 22편은
거대한 곤궁으로부터의 구원을 노래한다.
여기에는 신뢰와 믿음의 충성이 표현되어 있다.
시의 종반에는 '곤고한 자'에 대한 적극적 배려가 서술된다.

"그는 곤고한 자의 곤고를 멸시하거나
싫어하지 아니하시며/ 그의 얼굴을 그에게서
숨기지 아니하시고/ 그가 울부짖을 때에 들으셨도다." (시 22.24)
세 행의 마지막에는 '울부짖음의 들음'이 강조된다.

시편 22편에는 나아가 미래의 메시아 고난에 관한 예언이 발견된다.
"나는 물같이 쏟아졌으며 내 모든 뼈는 어그러졌으며." (시 22.14)
"내 겉옷을 나누며 속옷을 제비 뽑나이다." (시 22.18)
두 시행은 복음서의 십자가처형에 수용된다. (요 19.34, 막 15.24)

'마지막 일곱말씀'의 네 번째 단계는 극심한 고통의 절규이다.
동시에 하나님이 계획한 대속의 죽음에 순종하는 위임의 발언이다.
하나님의 아들은 극단의 아픔속에서 우리 죄를 대신 짊어진다.

이것이 난해하게 여겨지는 예수님 최후발언의 진정한 의미이다.

"엘리 엘리 라마 사박다니"는 기독교신자가 기억해야 할 말씀이다.
외견상 처절하게 들리는 시행은 우리 죄를 사면하는 구원의 증언이다.
우리는 특이한 아람어 원문을 낭송하며 예수님의 죽음에 동참한다.
그리고 대속의 죽음에 의한 은혜로운 구원의 실현을 체험한다.

"이 사람은 진실로 하나님의 아들이었도다."

(막 15.39)

예수님이 십자가 위에서 숨을 거두는 순간에
주위에 있던 한 인물에 의한 특별한 사건이 발생한다.
그것은 십자가 앞에 서있던 백부장이 뜻밖의 발언이다.
"이 사람은 진실로 하나님의 아들이었도다." (막 15.39)

'이 사람'을 주어로 삼는 현재완료시칭 문장에는
강조부사 '진실로'에 액센트가 놓여진다.
즉 하나님아들의 존재에 관한 확신의 고백이다.
이와 같은 사실은 그때까지 진행된 과정에 관한 경험에 의거한다.

백부장의 고백은 세 공관복음에 모두 등장한다.
다만 구체적 표현에는 약간의 차이가 있다.

마태복음에는 "이는 진실로 하나님의 아들이었도다", (마 27.54)
누가복음에는 "이 사람은 정녕 의인이었도다"라고 표기된다. (눅 23.47)

결과적으로 하나님아들의 인정에는 거의 일치한다.
세 저자의 공통된 기록은 백부장 발언의 진실성을 뒷받침한다.
그것은 십자가에서 가장 가까이 위치한 목격자의 증언이다.
그는 세 시간의 암흑과 예수님의 초연한 죽음을 눈으로 본 인물이다.

이교도 지휘관이 던진 충격의 한마디는 후일
구원의 복음이 이방지역으로 널리 퍼져나갈 것을 예고한다.
사도행전에는 사도들에 의한 이방전도의 성과가 기록되어 있다.
사도 바울이 감행한 세계선교의 목표는 로마와 서바나이다.

하나님의 아들을 증언한 로마 백부장에 관해서는
세 편의 공관복음에 더 이상의 구체적 언급이 없다.
다만 요한복음에는 별도의 독점기사가 발견된다.
처형된 자의 사망을 확인한 로마군인의 이야기이다. (요 19.34)

그가 예수님의 옆구리를 창으로 찌르자 '피와 물'이 쏟아져 나온다.
이어지는 절에는 이 장면을 목격한 자가 진실이라고 증언한다.
이와 같은 사실은 후세의 수용에서 그의 존재를 기리는 동기가 된다.
쏟아져나온 신성한 피가 그의 눈에 닿자 눈병이 치유되었다고 한다.

전승된 기독교전설에는 두 사건이 서로 용해된다.
즉 하나님의 아들을 증언한 로마장교와
긴 창으로 시체를 찌른 로마군인이 동일인물로 취급된다.
전체문맥에서 보면 예수님의 사망을 확인한 군인은 백부장이다.

이와 같은 전승은 성서의 줄거리 이해에서 무리가 따른다.
예수님의 운명을 십자가 앞에서 지켜본 백부장은
그후 세 복음서의 진행에서 언급되지 않는다.
요한이 지적한 로마군인은 요한복음에만 나오는 인물이다.

그러나 후세의 성화에는 두 군인의 동일화에 관한 증거가 발견된다.
Grünewald의 유화 〈그리스도 십자가처형〉(1515)에는
무장한 로마장교가 왼손에 길고 가느다란 창을 붙잡고 있다.
특이하게도 황금빛 창의 끝부분이 적색으로 물들어있다.

십자가처형 장면의 마지막에 등장한 익명의 두 로마군인은
후세의 문서에서 롱기누스(Longinus)라고 명명된다.
'기다란'을 뜻하는 라틴어 'longus'에 유래하는 이름은
5세기에 생성된 외경 〈니고데모 복음서〉에 발견된다.

롱기누스의 창은 기독교역사에서 '신성한 창'으로 불린다.
성창은 신성로마제국 황제의 보석 가운데 가장 오래된 것이다.
Wien의 미술사 박물관 금고에 보존된 성창 끝장식의 중간부는

백색 광채를 발하는 황금빛으로 채색되어 있다.

로마 베드로성당에 설치된 Bernini의 조각 〈성 롱기누스〉(1635)는
오른손으로 성창을 붙잡고 서있는 성자의 모습을 제시한다.
입체적으로 약동하는 백색 겉옷의 주름은 그의 위용을 대언한다.
늠름한 자태의 롱기누스 시선은 오른쪽 하늘을 향하고 있다.

후세의 화가는 로마 백인대장을 성인, 순교자로 묘사한다.
기독교전설의 진전은 그가 기독교로 귀의한 사실에까지 이른다.
후세의 인물화를 보면 후광을 입은 성자의
제스처가 전형적 순교자의 모습을 취하고 있다.

백인대장 롱기누스의 도상은 하나님의 아들을 공표한
이방의 로마장교에 관한 최고의 존경의 표시이다.
Grünewald가 자신의 처형화에 롱기누스 행동을 지적한 것은
기독교전설의 수용사에서 결코 특별한 현상이 아니다.

예수님의 십자가죽음에 끝까지 함께한 이방군대 장교가
후세의 기독교역사에서 높이 평가된 것은 과장된 면이 없지 않다.
그러나 십자가처형을 책임지고 있는 지휘관이 예수님이 운명하자
담대하게 하나님아들을 증언한 것은 영원히 기억해야할 중대사건이다.

"이 사람은 존경받는 공회원이요 하나님의 나라를 기다리는 자라."

(막 15.43)

예수님의 매장은 초대교회 신앙고백에서 중요한 역할을 한다.

예수님이 실제로 사망한 사실을 증명하기 때문이다.

예수님은 십자가 위에서 사망한 후에 무덤에 매장된다.

그리고 사흘만에 다시 무덤에서 살아난다.

시체의 매장은 빠른 시간 내에 집행되어야 한다.

모세율법에 따르면 죽은 자는 처형 당일에 매장된다.

예수님 시체의 매장은 아리마대 요셉에 의해 추진된다.

그는 제자들도 방치한 예수님의 시체를 손수 매장한 인물이다.

아리마대는 예루살렘에서 북서쪽으로 40km 떨어진 곳이다.

그곳 출신의 요셉은 예루살렘으로 이주하여 살고있었다.

유대의회 회원인 그는 공의회의 부정한 결의에

동의하지 않은 '선하고 의로운' 사람이다. (눅 23.50, 51)

요한복음에는 요셉이 '비밀의 제자로' 소개된다. (요 19.38)

그는 예수님 정결예식에 참여한 시므온과 안나처럼 경건한 인물이다.

마가는 그를 매우 특별한 방식으로 소개한다. (막 15.43)

"이 사람은 존경받는 공회원이요 하나님의 나라를 기다리는 자라."

'하나님의 나라를 기다리는 자'는 신약성서에서
일반적으로 발견하기 힘든 의인의 특징이다.
비록 의인 요셉의 발언과 행적이 복음가에 의해 밝혀져 있지
않지만 그는 외부에 드러나지 않은 예수님의 신봉자이다.

요셉은 몰래 빌라도를 찾아가 예수님의 시체를 내달라고 청구한다.
빌라도는 백부장에게 알아본 후에 그에게 시체를 내어준다.
그는 자신의 소유인 정원을 예수님의 무덤으로 내어놓는다.
매장의 절차와 내용은 유대인의 관례대로 진행된다.

개종한 니고데모가 미르향유 100근을 지참하고 매장에 동참한다.
두 사람은 피로 물든 예수님의 시체를 십자가에서 내려 세마포로 싼다.
그리고나서 바위 속에 판 무덤에 넣고 돌을 굴려 무덤문 앞에 놓는다
큰 돌로 무덤입구를 막는 것은 외부인의 출입을 봉쇄하기 위해서이다.

원래 십자가 사형수에게는 새로운 무덤의 사용이 허용되지 않는다.
부자 요셉의 특별한 배려로 예수님은 새무덤에 안치된다. (요 19.41)
"동산 안에 아직 사람을 장사한 일이 없는 새무덤이 있는지라."
동산은 예수님이 십자가에 못박힌 곳 근처의 정원을 가리킨다.

그리스도 매장은 서양기독교 도상화에서 하나의 유형을 형성한다.
후기고딕에서 바로크시기에 이르는 적지 않은 저명한
화가가 고난사의 마지막 단계인 매장의 주제를 화폭에 담는다.

이들의 공통관심사는 예수님의 시체를 십자가에서 내리는 방식이다.

보통 요셉이 흰색 수의에 싼 시체를 두 손으로 내리고
니고데모가 아래에서 시체의 머리를 받친다.
내려진 시체를 무덤에 넣을 때에는 두 사람이 앞뒤에서 협동한다.
그밖에 사도 요한, 성모 마리아, 막달라 마리아가 매장행사에 동참한다.

고난사 막바지에 짤막하게 기록된 그리스도의 매장이
후세의 성화에서 거듭하여 묘사의 대상으로 선정된 것은
예수님 삶의 마지막 장면이 화가의 창작욕을 자극하기 때문이다.
무덤의 매장에 선행하는 '십자가 내림'은 '그리스도의 통곡'

이라는 또다른 제목 아래 별도의 장면으로 다루어진다.
십자가처형 이후의 연쇄장면에서 가장 비참한 대목에 속하는
'그리스도 통곡'은 본문에 없는 내용으로 작가의 상상력의 산물이다.
이 장면에는 두건을 쓴 마리아와 경우에 따라 천사들이 등장한다.

누가복음은 갈릴리에서 따라온 여인들이 예수님의
시체가 어디에 묻혔는지 지켜보았다고 증언한다. (눅 23.55)
이와 같은 기록은 여인들이 시체의 매장에 동참하는 근거가 된다.
그리스도의 매장을 다룬 성화에는 다수의 여인들이 애도자로 출현한다.

예수님의 매장예식을 주관한 집행자는 요셉과 니고데모이다.

그러나 후세의 성화에는 마리아를 비롯한 여인들이 행사에 함께한다.
이것은 곧 일어날 부활의 첫 증인인 여인들에 대한 경외심의 반영이다.
빈무덤의 부활기사에는 시체의 매장을 지켜본 세 여인이 주인공이다.

**"여자들이 몹시 놀라 떨며 나와 무덤에서 도망하고 무서워하여 아무에
게 아무 말도 하지 못하더라."**

(막 16.8)

마가복음 16장 8절은 원래문서를 마감하는 종결문이다.
마가는 여덟 절로 제한된 미완의 글로 자신의 복음서를 끝내고 있다.
이어지는 16장 9-20절은 후세에 편입된 종결부이다.
이 부분은 마가의 제자 가운데 한 사람에 의해 작성된 것으로 추정된다.

열두 절의 서술은 누가복음과 마태복음을 참고하여 이루어진다.
새로이 삽입된 복합단락은 문체와 내용에서 앞 단락과 구분된다.
마가의 문서를 특징짓는 세부적 개별서술은 결여되어 있다.
그 대신에 부활사건에 관한 조망과 요약이 제시된다.

성서연구에는 마가복음의 마지막 장에 관해 두 가지 견해가 존재한다.
생성사의 초기단계에 이미 텍스트 버전이 훼손되었거나
박해의 중대로 저자가 자신의 복음서를 완료할 수 없었다는 내용이다.
어느 경우든지 제8절의 종식은 저자자신의 뜻이라 할 수 있다.

이방지역에 세워진 마가의 공동체는 외부의 심한 핍박에 시달린다.
마가의 기념비인 사자기둥은 이탈리아 베니스 광장에 세워져있다.
마가의 교구에 관한 외부의 위협은 이미 본문에 암시되어 있다.
극도로 절제된 문체와 객관적 성향의 서술이 그 증거이다.

성서의 독자는 마가복음 원본의 소실을 아쉬워한다.
그러나 부활사건의 기록은 세 여인의 증언으로 이미 충분하다.
여기에 등장하는 세 여인은 예수님 시체에 바를 향품을 준비한
막달라 마리아, 야고보의 모친 마리아, 살로메이다. (막 16.1)

마가는 세 여인의 이름을 거명함으로써 특별한 경의를 표한다.
세 여인의 명단은 십자가처형 장면을 멀리서 바라본
증인들과 일치한다(15.40). 막달라 마리아와 살로메는
초대교회 사역을 인도한 선구적 여인으로 알려져있다.

특히 막달라 마리아는 빈무덤에서 밖으로 나온 후에
부활한 예수님을 만난 최초의 부활증인이다. (요 20.11-16)
변화된 예수님을 알아보지 못한 그녀는 '마리아' 라는
주님의 호칭을 듣고나서 비로소 '랍오니(선생님)' 라고 응답한다.

안식일 다음날 아침 일찍 세 여인은 향료를 지참하고 무덤으로 향한다.
미처 해결하지 못한 시체의 '향유바르기'를 이행하기 위함이다.
놀랍게도 커다란 돌이 치워진 무덤 안으로 들어간

그들은 흰옷을 입은 청년이 우편에 앉아있는 것을 보고 놀란다.

하나님이 보낸 천사는 여인들에게 뜻밖의 사실을 알린다.
"너희가 십자가에 못박히신 나사렛 예수를 찾는구나.
그는 살아나셨고 여기에 계시지 아니하니라." (막 16.6)
위의 통고는 예수님 부활에 관한 확실한 증거이다.

구체적 명칭 '나사렛 예수'는 예수님의 무덤에 관한 보증이다.
시체의 수의가 정돈되어 가지런히 놓여진 빈무덤은
예수님이 살아 일어난 사실을 증거하는 역사의 현장이다.
이것은 부활을 인정하지 않는 일부집단의 주장에 대한 반박이다.

이어지는 종결문은 단락전체의 핵심이며 결론이다.
"여자들이 몹시 놀라 떨며 나와 무덤에서 도망하고
무서워하여 아무에게 아무 말도 하지 못하더라." (16.8)
위의 복합문장은 빈무덤의 부활에 관한 최초의 증언이다.

여기에는 무엇보다 여인들의 마음을 사로잡은
'놀라움'과 '두려움'이 지적된다.
두 감정은 부활사건의 목격에 대한 지각적 반응이다.
여인들은 예수님의 제자에게 아무것도 말할 수 없었다.

빈무덤을 뛰쳐나온 여인들을 엄습한 무서움은

천사의 나타남과 자신들의 기대를 뛰어넘는 신적 메시지에 기인한다.
천상의 소리는 여인들이 정신을 잃은채 할 말을 못하도록 만든다.
이와 같은 공포의 유발은 하나님의 계시에 수반되는 현상이다.

빈무덤의 기사는 예수님이 실제로 부활한 사실을 담담하게 전한다.
예수님의 시체는 그 누구에 의해 도둑질당한 것이 아니다.
마태복음에는 무덤을 찾은 여인들의 증언이
이어지는 부활자와의 만남에 의해 확증된다. (마 28.9-10)

부활한 예수님은 여인들에게 '평안하냐'고 물어본다.
여인들이 예수님의 발을 붙잡고 경배하자
예수님은 '무서워하지 말라'고 위로하며
형제들에게 갈릴리로 가서 '나를 보라'고 전하라고 이른다.

2천여년 전에 쓰여진 복음가의 부활보고는 지금도 빛을 발한다.
성서의 독자는 복음서의 마지막에서 감격의 부활체험에 도달한다.
여인들의 내면을 강타한 거대한 두려움은 나의 두려움으로 이전된다.
이와 같은 동화작용에서 예수님의 부활은 실재의 사실로 지각된다.

빈무덤의 부활은 기독교 미술사에서 가장 사랑받는 주제의 하나이다.
1958년 〈초기 낭만주의 회화〉를 집필한 독일 미술사가
Schrade의 중심저저 〈기독교미술 도상화〉(1932)의
제1부는 그리스도의 부활에 할애된다.

여덟 장으로 구성된 방대한 연구서에는 중세에서
르네상스와 종교개혁을 거쳐 후기 바로크시기에까지
이르는 광범한 시기의 부활성화가 다루어진다.
두터운 책자의 마지막에는 예술가, 사진, 그림의 목록이 첨부된다.

부활화의 전통은 부활의 사건 자체보다 죽음과
지옥을 극복한 부활의 영적 영향력에 무게를 둔다.
그것은 사망권세를 물리친 승리의 정감이다.
승리는 부활자의 형상을 규정하는 기본특성이다.

역사적으로 형성된 부활도상(Anastasis-Ikone)은
개별성의 상치에도 불구하고 동일한 유형과 상징을 보여준다.
부활도상의 주된 내용은 부활절예식 찬가에 반영되어 있다.
"그리스도는 죽은자로부터 일어났다.

그는 죽음을 통해 죽음을 물리치고
무덤에 있는 자들에게 생명을 선사하였다."
부활도상을 구성하는 중심요소는 부활자의
형상과 덮개가 열려진 빈무덤의 존재이다.

이탈리아 르네상스 화가 Bellini의 제단화 〈그리스도 부활〉(1475-79)은
포플러 나무에서 아마포로 옮겨진 유화이다.
상대적으로 높은 크기의 사각형 화면 상단에는

바위무덤에서 나온 부활자가 자연풍경 속에 출현한다.

길게 늘어진 구름무늬가 수평선과 병행을 이루며 움직인다.
새벽 태양빛으로 밝아오는 하늘을 배경으로 부활자가 반원형
곡선으로 휘어진 흰색 수의를 날리며 공중에 떠있다.
그의 왼손에 적색 십자가가 새겨진 승리의 깃발이 들려있고,

들어올린 오른손 역시 승리의 제스처를 취하고 있다.
거의 벌거벗은 형태로 서있는 승리자의 시선은 하늘을 향해 있다.
화면의 하단은 입구가 열린 빈무덤의 상황을 보여준다.
무덤의 양쪽에 서있는 무장한 경비병이 위를 쳐다보고 있다.

  유명한 Grünewald의 세폭제단화 〈Isenheim 제단〉
(1512-1516)의 두 번째 단계에서 열려진 우측 날개에
보여진 측면화 〈예수 그리스도의 부활〉은 부활화의
핵심인 격정의 부활상황에 포커스를 맞춘다. (그림 5)

번쩍 들어올린 두 손에 붉은 못자국 상처가
선명한 부활자는 진한 청색 고리 테두리에 둘러싸인
오렌지빛 적색 원형후광 속에서 하늘을 향해 비상한다.
주름이 접혀진 기다란 은청색 수의가 빛을 받아 반짝인다.

거대한 무지개 원을 암시하는 신비의 도형은
찬란한 영광의 부활을 상징하는 최고의 도상이다.
고난의 징표가 남아있는 부활자의 형상은 성스러운 승화의 구현이다.
관찰자는 그리스도의 부활을 빛과 영광의 지각으로 체험한다.

"마음이 뜨겁지 아니하더냐"

(눅 24.32)

누가의 엠마오 이야기는 예수님의 부활을 확증하는 최고의 사건이다.
예수님이 부활한 주일 오후 두 제자는 예루살렘을 떠나 엠마오로 간다.
엠마오는 예루살렘에서 북서쪽으로 11km 정도 떨어진 마을이다.
두 제자 가운데 한 명으로 명명된 글로바는 보다 넓은 제자의 일원이다.

두 제자는 지난 며칠동안 일어난 일을 이야기하며 슬픔에 잠긴다.
도중에 부활한 예수님과 만났으나 알아보지 못한다.
이것은 부활자의 새로운 육신 때문이라기보다
변화된 인물을 감지할 수 없는 무능 때문인 것으로 보인다.

예수님이 두 사람의 대화내용이 무엇이냐고 물어보자
그들은 "슬픈 빛을 띠고 머물러선다". (눅 24.17)
글로바는 스승의 부활소식을 전하면서 자신의 동료 두 명이
빈무덤에 갔으나 '예수님은 보지 못하였다'고 말을 맺는다.

예수님은 선지자의 예언을 믿지 못하는 자라고
한탄하며 성경을 펼쳐 율법서와 예언서,
특히 메시아 예언의 구절을 자세히 설명한다.
그것은 예수님 자신에 관한 글이다. (24.27)

"모세와 모든 선지자의 글로 시작하여
모든 성경에 쓴 바 자기에 관한 것을 자세히 설명하시니라."
부활자에 의한 성경풀이는 이어지는 단락에도 수행된다.
두 차례에 걸친 성서해석은 메시아 고난과 부활의 이해에 집중된다.

의미있는 대화가 진행되는 동안 여행자들은 마을 가까이 이르게 된다.
날이 어두워지자 두 제자는 여행을 계속하려는 동행자에게
함께 유숙할 것을 강하게 권한다. (24.29)
"우리와 함께 유하사이다. 때가 저물어가고 날이 이미 기울었나이다."

권유를 받은 예수님은 숙소에 들어가 제자들과 함께 식사를 나눈다.
바로 이 뜻밖의 식탁이 '가리워진' 제자들의 눈을 뜨게 한다.
뜻깊은 식사자리에서 손님은 고유권능을 지닌 초대자로 나타난다.
그는 떡을 떼어 축사하고 두 제자에게 나누어준다. (24.30)

축복받은 합일의 공동식사는 원시교회에서
'새로운 성찬예식'을 거행하는 계기가 된다.

예수님의 놀라운 행동은 오천명 급식기적과 최후만찬을 상기시킨다.
그러자 그들의 눈에 비늘이 벗겨져 예수님을 알아보게 된다.

'눈이 밝아지는' 것은 영적 개안으로 인한 새로운 인식의 작용이다.
그러나 예수님은 두 제자의 시야에서 즉시 사라진다.
이것은 시간과 공간의 제한을 넘어서는 초월자에게 가능한 일이다.
제자들은 여행의 도상에서 동반자의 말에 사로잡힌 이유를 깨닫는다.

이어지는 대화는 전체이야기의 정상이며 결론이다. (24.32)
"우리에게 성경을 풀어주실 때에
우리 속에서 마음이 뜨겁지 아니하더냐."
의문문형식의 복합문장에는 집합대명사 '우리'가 두 차례 반복된다.

두 제자가 잊었던 스승을 다시 찾게된 또다른 중요한 이유는
성경의 풀이로 '마음이 뜨거워졌기' 때문이다.
'마음이 뜨거워지는' 것은 마음이 '타오르는 것'을 의미한다.
불길의 타오름은 활발한 성령의 활동에 대한 표징이다.

제자들이 부활한 예수님을 확인한 것은 두 가지 사실에 근거한다.
하나는 성찬예식 주최자의 고유한 행위이며
다른 하나는 권위있는 성경풀이로 인한 내면의 감동이다.
부활자의 자기증거는 육신의 보임이 아니라 영적 계시로 나타난다.

식사를 마친 두 제자는 즉시 자리에서 일어나 예루살렘으로 돌아가
경험한 사실을 열한 제자에게 전한다. (24.32-35).
그곳에 있던 제자들은 주님이 살아나 시몬에게 다시 나타났다고
증언한다. 예수님은 정말로 부활한 것이다. (24.34).

엠마오 이야기는 부활의 현현에서 가장 감동을 주는 사건이다.
그것은 무엇보다 부활자의 존재가 성경풀이로 증거되었기 때문이다.
두 제자가 고백한 '마음이 뜨거워짐'은 예수님을 다시 만난 확증이다.
성령의 말씀해석은 예수님과 제자를 중재하는 가장 중요한 매체이다.

위에 인용한 24장 29절 시행의 후반은
후세의 기독교음악에 활발하게 이입된다.
"때가 저물어가고 날이 이미 기울었나이다."
비유적으로 표현된 '날의 기울음'은 새로운 출발을 암시한다.

이와 같은 사실은 잘 알려진 기독교 찬송가
〈나와 함께 하소서〉(Abide With Me)가 생성되는
동인으로 작용한다. 찬송가 첫마디의 후반을
형성하는 황혼의 깃듦은 '날의 기울음'의 재현이다.

"나와 함께 하소서. 거의 황혼이 깃들었나이다."
노래를 시작하는 간결한 호소문

"나와 함께 하소서"는 첫절의 마지막에 다시 반복된다.
표제시행은 가사전체에서 후렴의 역할을 한다.

원래 '황혼' 이라는 제목의 8연시에서
네 절로 축소된 노래의 도입부는 다음과 같다.
"나와 함께 하소서. 거의 황혼이 깃들었나이다.
어둠이 점점 짙어갑니다. 나와 함께 하소서."

영어원문 가사에서 전반의 두 행은 '쌍운'의 각운을 조성한다.
황혼을 뜻하는 첫행의 마지막 명사 'eventide'는 'ide' 동일운에 의해
'함께 하소서'를 의미하는 다음 행의 'abide'와 짝을 맞춘다.
이로 인해 원래 표제어와 후일의 제목 사이에 긴밀한 연관이 형성된다.

스코틀랜드 사제시인 Lyte가 1847년 영감에 사로잡혀
집필한 찬송시는 그가 사망하기 한달 전 딸에게 남겨진다.
14년이 지난 1861년 영국 음악가 Monk가 자신의
어린딸이 죽은 후에 전해받은 유고시를 멜로디로 옮긴다.

Lyte의 서정시 〈나와 함께 하소서〉는 우리말 찬송가
481장 〈때 저물어서 날이 어두니〉로 이전된다.
원래의 표제 '나와 함께 하소서'는 도입시행에 재생된다.
"때 저물어서 날이 어두니 구주여 나와 함께 하소서."

첫절의 마지막을 장식한 '나와 함께 하소서'는
이어지는 세 절에서 '주여 나와 함께 하소서'로 세 차례 반복된다.
호소문 '나와 함께 하소서'는 모두 네 차례 후렴을 형성한다.
마지막 넷째 절은 '생명의 주여 함께 하소서'로 종식된다.

누가의 엠마오 이야기에 지적된 '날의 기울음'은
후세의 찬송가 가사에 의미있게 도입된다.
여기에 암시된 새로운 출발은 죽음을
앞둔 자에게 위로와 희망의 메시지로 다가온다.

네 절로 구성된 노래의 마지막 절은
이와 같은 사실을 분명하게 증거한다.
사랑의 주님은 살아있을 때나
죽을 때나 언제나 나와 함께한다.

"주님, 당신의 십자가를 나의 닫히는 눈 앞에 붙드소서.
어둠 사이로 빛을 비추어 나에게 하늘을 보여주소서.
천국의 아침이 밝아오며 지상의 헛된 그늘은 소멸됩니다.
오 주님 삶에서나 죽음에서나 나와 함께 하소서."

위의 네 행은 하나님이 비추는 빛의 지각을 통해 새로이
출발하는 천국의 아침을 고대하는 소망의 노래이다.

'주님'의 호명으로 시작되는 호소의 종결행은 죽음을 앞둔 시점에서
하나님의 '함께함'을 간절히 열망하는 살아있는 기도송이다.

때문에 장례식을 인도하는 소망의 곡목으로 즐겨 사용된다.
잔잔한 음조로 진행되는 노래의 멜로디에는 듣는 사람의 내면을
지배하는 슬픔과 두려움을 녹여주는 영적 마술의 힘이 배여있다.
반복되는 후렴시행 '나와 함께 하소서'는 이와 같은 기능을 강화한다.

"그물을 배 오른편에 던지라. 그리하면 잡으리라."

(요 21.6)

디베랴호수의 고기잡이 기적은 부활의 메신저
천사가 여인들에게 약속한 갈릴리 재회의 실현이다.
갈릴리에서 일어난 고기잡이 기적은 예수님이
최초의 제자를 부른 역사적 사건이다. (눅 5.1-11)

은혜로운 옛기적의 재현은 제자들에게 잊을 수 없는
옛추억을 일깨운다. 그들은 동일한 기적의 체험을 통해
부활한 예수님을 만나는 소중한 기회를 얻는다. 제2의 고기잡이
기적을 경험한 일곱 제자는 후일 초대교회 선교의 선구자가 된다.

시몬 베드로는 "나는 물고기 잡으러 가노라"고 말한다. (요 21.3)
옛날의 직업으로 다시 돌아간 체념과 좌절의 발언이다.
세베대의 두 아들을 비롯한 다른 제자들도 그를 따라간다.
그러나 그들은 밤이 새도록 아무것도 잡지 못한다.

날이 밝아 부활의 예수님이 바닷가에
서있었으나 그들은 옛스승을 알아보지 못한다.
예수님은 그들을 향해 다음과 같이 말한다. (21.6)
"그물을 배 오른편에 던지라. 그리하면 잡으리라"

위의 말씀은 기적을 생산하는 '수행적' 언어의 실현이다.
'수행적' 언어는 놀라운 사건을 창출하는 역동의 매체이다.
이와 같은 활력의 언어는 기적이야기에 유용하게 선호된다.
기적수행자의 명령은 새로운 사건을 일으키는 원동력이다.

제자들이 원하는 어획은 이미 이루어진다.
적극적 행위를 지시하는 타동사 '던지다'(diktyon)에는
발언자의 확실한 약속이 내포되어 있다.
그것은 틀림없이 고기가 잡힌다는 사실이다.

제자들이 주어진 명령 그대로 시행하니 그물을
끌어낼 수 없을 정도로 많은 양의 고기가 잡힌다.

그러자 주님이 사랑하는 제자 요한이

놀라서 베드로에게 '주님이다'(ho kyrios estin) 라고 소리친다.

여기에서 '주님'은 하나님의 권능을 행사한 호칭이다.

옷을 벗고있던 베드로는 겉옷을 두른 후에 바다로 뛰어내린다.

화자 자신의 코멘트로 주어진 문장은

갈릴리 태생의 어부 베드로의 행동에 들어맞는다.

다른 제자들은 배를 타고 와서

물고기가 가득 찬 그물을 끌어내린다.

제자들이 육지에 올라와 보니 숯불 위에 생선이 놓여있고 떡도 있다.

예수님이 '지금 잡은 생선을 가져오라' 분부하니

베드로가 배에 올라가서 그물을 육지로 끌어올린다.

무려 153마리의 물고기가 가득 찼으나 그물이 찢어지지 아니한다.

그물이 찢어지지 않은 것은 고기잡이의 성공적 결과를 지시한다.

물고기로 가득 찬 그물은 미래의 풍성한 전도를 지시하는 비유상이다.

 여기에 명명된 숫자 153에 관해서는 환상의 해석이 제기된다.

자연수 153을 특징짓는 기본요소는 3단계 체계를 지시하는 3이다.

여기에서 삼각형 형상과 삼위일체의 연관이 유도된다.

삼각형 도식은 물고기 모양을 지시하는 시각 아이콘이다.

153은 숫자학에서 모든 종류의 대상을 포괄하는 완전수이다.
이런 의미에서 7이나 10의 숫자상징에 가깝다.
세 개의 홀수로 구성된 복합숫자는 조화와 균형을 지시한다.
영향사에서는 풍성한 전도결실을 나타내는 상징으로 해석된다.

제자들은 식사의 초대자가 주님이라는 사실을 인지한다.
때문에 아무도 "당신이 누구인가?" 라고 물어보지 않는다.
떡과 생선의 분배는 최후만찬과 오병이어 기적을 상기시킨다.
호숫가의 조촐한 아침식사는 예수님의 부활 이후 이루어진

실제의 식사, 즉 예수님의 현존을 증거하는 확실한 사건이다.
이것은 예수님이 부활 이후 제자들에게 나타난 세 번째 경우이다.
은혜로운 공동식사는 예수님과 베드로의 대화를 인도한다.
베드로를 향한 세 차례 질문은 세 번의 부인에 대한 역전이다.

예수님의 거듭된 질문 "네가 나를 사랑하느냐"에
대한 베드로의 확고한 답변에서 그의 실수는 보상된다.
상대방의 응답에서 진정한 사랑을 확인한 예수님은
베드로를 향해 "내 양을 치라(먹이라)고" 지시한다.

이어지는 발언은 베드로의 앞날에 주어질 순교의 숙명을 예시한다.
"남이 너에게 띠 띠우고 원하지 아니하는 곳으로 데려가리라." (21.18)

위의 문장에서 '띠를 띠우는' 것은 강제로 속박하는 것을 의미한다.
'원하지 아니하는 곳으로 데려가는 것'은 순교의 죽음을 지시한다.

예수님의 발언은 베드로의 '따름'이 어떻게 끝날 것인가를 예시한다.
베드로는 서기 67년 네로황제의 심한 핍박 아래 로마에서 순교한다.
노년에 눈이 먼 베드로는 자신이 스승과 동일한 방식으로 죽을 가치가
없기 때문에 십자가에 거꾸로 매달려 죽기를 소원한다고 증언한다.

Caravaggio의 사실적 유화 〈성베드로의 십자가처형〉(1600)에는
십자가에 거꾸로 누워있는 노베드로의 당당한 모습이
생생하게 연출된다. 연회색 수염과 벗어진 머리는 그가
노인임을 보여주지만 그의 신체근육은 아직 남아있는 힘을 자랑한다.

두 손과 발에 커다란 못이 박힌 그는 화면 밖의
그 무엇을 바라보려는 듯 힘겹게 상체를 일으키고 있다.
아마도 그가 신뢰한 하나님을 찾으려 하였을 것이다.
그의 얼굴표정에는 모든 고통을 이겨낸 초월자의 모습이 배여있다.

선정된 성서구절 목록

복음서

1. 오늘 네가 나와 함께 낙원에 있으리라. (눅 23.43)

2. 지극히 높은 곳에서는 하나님께 영광이요 땅에서는 하나님이 기뻐하신 사람들 중에 평화로다. (눅 2.14)

3. 그들이 별을 보고 매우 크게 기뻐하고 기뻐하더라. (마 2.10)

4. 그 안에 생명이 있었으니 이 생명은 사람들의 빛이라. (요 1.4)

5. 내 눈이 주의 구원을 보았사오니. (눅 2.30)

6. 너는 내 사랑하는 아들이라. 내가 너를 기뻐하노라. (막 1.11)

7. 사람이 떡으로만 살 것이 아니요, 하나님의 입으로부터 나오는 모든 말씀으로 살 것이라. (마 4.4)

8. 하늘이 열리고 하나님의 사자들이 인자 위에 오르락 내리락 하는 것을 보리라. (요 1.51)

9. 주의 은혜의 해를 전파하게 하심이라. (눅 4.19)

10. 기뻐하고 즐거워하라. (마 5.12)

11. 나는 의인을 부르러 온 것이 아니요 죄인을 부르러 왔노라. (막 2.17)

12. 새 포도주는 새 부대에 넣느니라. (막 2.22)

13. 항아리에 물을 채우라. (요 2.7)

14. 그런즉 너희는 먼저 그의 나라와 의를 구하라. (마 6.33)

15. 솔로몬의 모든 영광으로도 입은 것이 이 꽃 하나만 같지 못하였느니라. (마 6.29)

16. 좁은 문으로 들어가라. (마 7.13)

17. 하나님이 세상을 이처럼 사랑하사 독생자를 주셨으니 이는 그를 믿는 자마다 멸망하지 않고 영생을 얻게 하려 하심이라. (요 3.16)

18. 내가 주는 물은 그속에서 영생하도록 솟아나는 샘물이 되리라. (요 4.14)

19. 내가 너에게 말하노니 소녀여 일어나라. (막 5.41)

20. 그 사람이 곧 나아서 자리를 들고 걸어가니라. (요 5.9)

21. 그가 모든 것을 잘 하였도다. (막 7.37).

22. 가만 두라. 가라지를 뽑다가 곡식까지 뽑을까 염려하노라. 둘 다 추수 때까지 함께 자라게 두라. (마 13.30)

23. 실로암 못에 가서 씻으라. (요 9.7)

24. 하늘을 우러러 축사하시고. (막 6.41)

25 너도 이와 같이 하라. (눅 10.37)

26. 어리석은 자여 오늘밤에 네 영혼을 도로 찾으리니 그러면 네 준비한 것이 누구의 것이 되겠느냐. (눅 12.20)

27. 누구든지 나를 따라오려거든 자기를 부인하고 자기 십자가를 지고 나를 따를 것이니라. (막 8.34).

28. 이는 내 사랑하는 아들이니 너희는 그의 말을 들으라. (막 9.7)

29. 믿는 자에게는 능히 하지 못할 일이 없느니라. (막 9.23)

30. 누구든지 으뜸이 되려거든 나중이 되어야 한다. (막 9.35)

31. 나는 양을 위하여 목숨을 버리노라. (요 10.15)

32. 나사로야 나오라. (요 11.43)

33. 오늘 구원이 이 집에 이르렀으니 이 사람도 아브라함의 자손이로다.
    (눅 19.9)

34. 다윗의 자손 예수여 나를 불쌍히 여기소서. (막 10.47)

35. 호산나 찬송하리로다 주의 이름으로 오시는 이여. (막 11.9)

36. 그때에 인자가 구름을 타고 큰 권능과 영광으로 오는 것을 사람들이
    보리라. (막 13.26)

37. 이틀이 지나면 유월절과 무교절이라. (막 14.2)

38. 이 잔을 내게서 옮기시옵소서. 그러나 나의 원대로 마시옵고 아버지
    의 원대로 하옵소서. (막 14.36)

39. 그 일을 생각하고 울었더라. (막 14.72)

40. 내가 무죄한 피를 팔고 죄를 범하였도다. (마 27.4)

41. 내 나라는 이 세상에 속한 것이 아니니라. (요 18.36)

42. 보라 이 사람이로다. (요 19.5)

43. 그들이 그를 억지로 같이 가게 하여 예수의 십자가를 지우고.
    (막 15.21)

44. 나의 하나님, 나의 하나님 어찌하여 나를 버리셨나이까. (막 15.34)

45. 이 사람은 진실로 하나님의 아들이었도다. (막 15.39)

46. 이 사람은 존경받는 공회원이요 하나님의 나라를 기다리는 자라.
    (막 15.43)

47. 여자들이 몹시 놀라 떨며 나와 무덤에서 도망하고 무서워하여 아무에게 아무 말도 하지 못하더라. (막 16.8)

48. 마음이 뜨겁지 아니하더냐. (눅 24.32)

49. 그물을 배 오른편에 던지라. 그리하면 잡으리라. (요 21.6)

사용된 그림, 노래목록

대영광송 〈글로리아〉(Gloria), 〈Gloria in excelsis Deo〉 〈천사여 우리는 높은 곳에서 들었다〉, 1862, 크리스마스 캐롤

Mohr 〈고요한 밤 거룩한 밤〉, 1818, Gruber 작곡

Zoller 〈베들레헴 별〉, 영적 성탄노래, 1964

Holst 〈Nunc Dimittis〉, 1915, 거룩한 저녁찬송, 8부 합창곡

Verrocchio 〈그리스도 세례〉, 1470-1475, 유화, 177cmx151cm, Firenze Uffizi 미술관 (그림 1)

Cole 〈천사가 광야의 그리스도에게 시중들다〉, 1843, 유화, 189.2x152.4cm, Worchester 박물관 (그림 2)

Willmann 〈야곱의 꿈풍경〉, 1691, 유화, 87x106cm, Berlin Bode 박물관 (그림 3)

Wallis 〈우리는 주님의 은혜의 해를 선포한다〉

Babcock 〈이것이 나의 아버지 세계로다〉(This is my Father's world), 기독교 찬송가, 1901, 우리말 찬송가 478장 〈참 아름다워라〉

Pacher 〈가나의 혼인잔치〉, 1471-1479, 유화, 북부 오스트리아 성 Wolfgang 카톨릭교회 Pacher 제단화

Frey ＜생수의 강＞, 라이브, 1999, Gerth Medien

Bach ＜나는 선한 목자이다＞(BWV 85), 1725, 교회칸타타

Bach ＜마태수난곡＞(BWV 244), 1740, 오라토리오

Vogler ＜호산나 다윗의 자손이여＞, 1795, 대강절 노래

Greco ＜성베드로의 눈물＞, 1590, 유화, 102x79.5cm,

Oslo 국립박물관 (그림 4)

Sandi Patty ＜비아 돌로로사＞(via dolorosa), 1991

Bellini ＜그리스도 부활＞, 1475-79, 유화, 148x128cm,

Berlin 유화미술관

Grünewald ＜예수 그리스도 부활＞, ＜Isenheim 제단＞, 좌측 측면화,
        1512-1516, Colmar Unterlinden 박물관 (그림 5)

Lyte ＜나와 함께 하소서＞, 기독교 찬송가, 1847, Monk 작곡, 1861

Caravaggio ＜성베드로의 십자가처형＞, 1600, 유화, 230x175cm, 로마
        Santa Maria Popolo 성당

용어색인

목가 eidyllion

양떼의 탑 migdal eder

평안, 평강, 평화 shalom

영광 gloria

마술사 magoi

주현절 Epiphany

찬가 hymnos

성육신 sarkosis, incarnatio

육신 sarx

나는 이다 ego eimi

이제는 놓아주다 Nunc Dimittis

할렐루야 allelluija

아바 abba

벧엘, 하나님의 집 Bet El, Bethel

긍휼 hesed

황금율 regula aurea

독생자 monogenese

우물의 물 phrear

샘의 물 pege

소녀여 일어나라 talitha cum(i)

자비의 집 bet chesda

가라지 zizania

축사하다 eucharisteo

연민 sympatheia, compassio

그리스도의 모방 imitatio Christi

영혼, 생명 psyche

바꾸다 antallagma

주님의 변용 Transfigurtio Domini

변용 transfigurtio

형상 morphe

변형되다 metemorphothe

주님 adonai

작은 자 hoi mikroi

영화롭게 하다, 영광의 시현 doxazein

던지다 diktyon

주님이다 ho kyrios estin

겉옷 himation

호산나 hosiah na, hosianna

재림 parousia

고난 passio, passion

유월 pass over

누룩없는 빵 mazzen

할렐 찬송 Hallel

아바, abba

아버지 pater

다 이루었다 tetelestai

보라 이 사람이로다 ecce homo

고난의 길 via dolorosa

엘리 엘리 라마 사박다니 Eloi, Eloi lama sabachthani

기다란 longus

부활도상 Anastasis-Ikone

나의 영혼을 움직인 영감의 성서구절 1권

초판 1쇄 발행 2025년 8월 27일

지은이 고위공
펴낸이 민상기
편집장 이숙희
편집자 민경훈

펴낸곳 도서출판 드림북
인쇄소 예림인쇄 **제책** 예림바운딩
총판 하늘유통

·**등록번호** 제 65 호 **등록일자** 2002. 11. 25.
·경기도 양주시 광적면 부흥로 847 경기벤처센터 220호
·Tel (031)829-7722, Fax(031)829-7723